Bibliografische Information der Deutschen Nationalbibliothek: Die Deutsche Nationalbibliothek verzeichnet diese Publikation in der Deutschen Nationalbibliografie; detaillierte bibliografische Daten sind im Internet über dnb.dnb.de abrufbar.

Herstellung und Verlag:
BoD – Books on Demand, Norderstedt
ISBN: 9783748162919

Dr. Michael Steenbuck

SEGELSOMMER IN SÜDSKANDINAVIEN

INHALT

VORWORT

Liebe Leserin, lieber Leser!

Im Jahrhundertsommer 2018 bin ich mit einer kleinen Traileryacht zwei Monate lang kreuz und quer durch Südskandinavien gesegelt. Die Reise führte mich vom Limfjord über Læsø zu den westschwedischen Schären, auf dem Rückweg über Anholt nach Jütland und durch die dänische Inselwelt rund um Sjaeland bis nach Rostock. Fahrtenseglerisch ist das nur eine Durchschnittsleistung. Aber für mich war es die Möglichkeit, meinen Traum von einer Langfahrt zu erfüllen. Ohne Beruf und Wohnung zu kündigen, ohne aus den geordneten Bahnen des Lebens vollkommen auszusteigen. Dieses Buch soll nicht nur ein Reisebericht sein, sondern auch eine Anleitung zum Nachmachen. Deshalb enthält es mehrere grau hinterlegte Kästen mit Informationen. Lassen Sie sich von meinen Erlebnissen dazu anregen, selbst zu neuen Zielen aufzubrechen. Es macht glücklich!

Ihr
Michael Steenbuck

1. STARTSCHUSS

Ich bin jetzt Mitte vierzig. Die letzte große Zäsur in meinem Leben war der Einstieg in den Beruf. Ich habe 2002 in der Justiz angefangen. Die aufregenden ersten Jahre sind mittlerweile vorbei. Ich fahre immer noch gerne zur Arbeit, aber die Routine war zuletzt etwas in den Vordergrund getreten. Deshalb habe ich immer wieder kleinere Ausflüchte gesucht: 2010/2011 war es ein berufsbegleitendes Studium, 2011/2012 eine Abordnung an das Oberlandesgericht und 2015 eine viermonatige Hospitanz an der Vertretung meines Bundeslandes in Brüssel. Doch all diese Eskapaden hatten einen dienstlichen Bezug. Im Sommer 2018 will ich meinem Hobby nachgehen und eine größere Reise mit meinem kleinen Segelboot durchführen.

Sabbatical genehmigt!

Eine Langfahrt ist wohl der Traum jedes aufrichtigen Fahrtenseglers. Das Problem: Dafür braucht man Zeit, die über die übliche Urlaubsdauer von drei oder vier Wochen hinausgeht. Mein Chef gab mir schnell zu verstehen, dass er einen „Erholungsurlaub unter Wegfall der Sach- und Geldbezüge" (zu deutsch: unbezahlt frei) nicht bewilligen kann. Nun war guter Rat teuer. Um mir den notwendigen Freiraum zu verschaffen, habe ich getan, was ein guter Finanzminister in vergleichbarer Not macht: Er greift in einen Schattenhaushalt. Als ich zum Staatsdiener ernannt wurde, galt in den ersten 6 Monaten Urlaubskarenz. Ohnehin hätte es keinen guten Eindruck gemacht, wenn ich mich als Novize erst einmal um Ferien gekümmert hätte. Als die Zeit hierfür reif war, standen bereits so viele Verhandlungstermine fest, dass ich nur noch zum Jahresende eine Woche wegfahren konnte. Seit damals verlebe ich jeweils den Urlaub des Vorjahres, den man bis zum 30. September des Folgejahres übertragen kann. Nun habe ich die Früchte der damaligen Entbehrungen geerntet und meine regulären Jahresurlaube 2017 und 2018 zusammengefasst. Das bedeutet immerhin neun Wochen, die ich auf dem Wasser verbringen kann. Es war wie ein vorgezogenes Weihnachtsgeschenk, als sich meine Kolleginnen im Advent 2017 ohne Murren bereit erklärten, mich so lange zu vertreten. Auch wenn ich mir ursprünglich etwas mehr Zeit gewünscht hätte, hat diese Lösung mehrere Vorteile. Keine langwierigen Anträge bei übergeordneten Stellen, dafür aber regelmäßiges Einkommen und eine fortdauernde Krankenversicherung.

Zeit und Geld für eine Langfahrt

Wer eine längere Reise unternehmen möchte, braucht nicht nur ein geeignetes Schiff und seglerische Erfahrung, sondern auch zeitlichen und finanziellen Freiraum. Um die nötige Freizeit zu organisieren, gibt es mehrere Möglichkeiten:

- Angesparter Urlaub: Nach dem Bundesurlaubsgesetz kann man Urlaub nur drei Monate ins Folgejahr mitnehmen. Doch diese Regelung ist nicht zwingend. Arbeitgeber und Arbeitnehmer können davon einvernehmlich abweichen. Für bestimmte Berufsgruppen, etwa Beamte, gelten andere Regelungen. Legt man die Urlaube mehrerer Jahre zusammen, so kommen einige Monate zusammen.
- Unbezahlter Urlaub: Einen Rechtsanspruch hierauf gibt es nicht, das ist also Verhandlungssache. Der Arbeitgeber kann aber durchaus ein Interesse daran haben, etwa bei schwacher Auftragslage.

- Arbeitszeitkonten: In vielen Beschäftigungs- verhältnissen ist vorgesehen, dass der Arbeitnehmer je nach betrieblichen Bedürfnissen auf Weisungen Überstunden zu erbringen hat, welche einem Arbeitszeitkonto gutgeschrieben werden. Ist es gut gefüllt, können die Überstunden im Rahmen der bestehenden Regelung gegebenenfalls nach einem regulären Urlaub abgefeiert werden, so dass ich eine längere Freizeit ergibt.
- Sabbatical: Es gibt diverse Modelle, zeitweilig aus dem Beruf auszusteigen. Besonders attraktiv ist es, über einen bestimmten Zeitraum bei vermindertem Lohn Vollzeit zu arbeiten. Anschließend erfolgt die Freistellungsphase, in der man auszahlt bekommt, was in den Vorjahren erwirtschaftet worden ist. Dies bietet sich insbesondere für längere Auszeiten an, die man nicht aus dem eigenen Vermögen finanzieren kann.
- Kündigung: Um Zeit für's Segeln zu gewinnen, kann man das Arbeitsverhältnis auch beenden. Das ist eine Option, wenn man ohnehin einen beruflichen Wechsel anstrebt oder mit einer Anschlussbeschäftigung sicher rechnen kann.

Besteht das Arbeitsverhältnis fort, ist der Lebensunterhalt durch die laufenden Einnahmen in der Regel gedeckt. Sofern nicht besondere Ausgaben für die Yacht anstehen, kann man an Bord recht günstig leben. Die Statistik im Anhang dieses Buches gibt eine Orientierung, mit welchen laufenden Kosten für ein Boot unter 10m zu rechnen ist (insbesondere Hafengebühren, Treibstoff, Kran). Allerdings ist zu berücksichtigen, dass auch die Fixkosten des Landlebens in der Regel weiterlaufen (z.B. Wohnungsmiete, Versicherungen usw.). Bei Kündigung oder unbezahltem Urlaub lässt sich eine Reise nur finanzieren, wenn ausreichend Vermögen vorhanden ist. Eine Erwerbstätigkeit unterwegs ist zwar theoretisch denkbar, aber häufig allein aufgrund der Sprachbarrieren nicht möglich.

Im Buchhandel gibt es diverse Ratgeber, die die Organisation eines Sabbaticals erleichtern (z.B. Anja Mumm/Nicole Jähnichen: Auszeit vom Job; Christa Langheiter: Mut zur Auszeit).

Ich wohne in der Altmark, die zu Kernpreußen gehört. Otto von Bismarck, der Eiserne Reichskanzler, ist hier geboren. Auf Tugenden wie Arbeitsmoral und Pflichtbewusstsein wurde hier über Generationen hinweg besonderen Wert gelegt. Was musste ich mir deshalb im Kreise der Freunde und Bekannten anhören, als ich erzählte, 2 (in Worten: zwei) Monate lang Urlaub zu machen! Doch andere stürzen sich während der Midlife-Crisis in ganz andere Exzesse. Demgegenüber ist mein Plan, eine Zeit lang unter Verzicht auf jeglichen Luxus in einem kleinen Boot über die Ostsee zu segeln, durchaus moderat.

2. VORBEREITUNG

Nachdem der Sommerurlaub in trockenen Tüchern war, begann die Planung. Fest stand, dass ich mit meinem Kleinkreuzer, einer knapp 7 m langen Neptun 22 namens LAETITIA, losziehen wollte. Ich habe sie schon seit zehn Jahren. Ich kenne ihre Stärken, aber auch ihre Schwächen. Sie ist mir ans Herz gewachsen, denn wir haben bereits die gesamte deutsche Nord- und Ostseeküste und Teile Süddänemarks miteinander bereist. Da LAETITIA trailerbar ist, lassen sich Beginn und Ziel der Reise beliebig festlegen.

Schwieriger war da schon die Wahl des Reviers. Das Mittelmeer fiel schnell weg. Die Anreise über mehrere tausend Kilometer und die Alpen erschien mir zu anstrengend. Auch die Berichte über astronomische Liegegelder sowie starke Winde wirkten abschreckend. Deshalb rückten schnell die Küsten vor unserer Haustür wieder in Fokus. Eine Umrundung Jütlands, also des dänischen Festlands, hätte eine reizvolle Mischung von Tidengewässern an der Nordsee und geschützteren Gewässer an der Ostsee geboten. Auch eine Tour ins Baltikum schien verlockend, über Polen, vorbei an der russischen Enklave Kaliningrad, die litauische Küste hinauf bis ins lettische Riga und ins estnische Tallinn. Doch bei näherer Betrachtung stellte sich heraus, dass insbesondere die Fahrt entlang der ehemals zum Ostblock gehörenden Ostseeanrainerstaaten schwierig werden würde. Weit ins Meer hinausgreifende militärische Sperrgebiete müssen dort umfahren werden. Die Hafendichte ist trotz erheblicher Anstrengungen nach dem Fall des Eisernen Vorhangs noch dürftig. Die Anlegestellen liegen zum Teil sehr weit auseinander und fordern lange Seeschläge. Ich habe mich deshalb entschieden, ein Gebiet zu erkunden, das auf relativ kleinem Raum möglichst vielfältige Charaktere aufweist. Dabei verfiel ich auf Südskandinavien, das einige Abwechslung bietet: das Binnenrevier des Limfjords, die offene See im Kattegat mit den Inseln Læsø und Anholt als Brückenköpfen für die Sprünge zwischen Dänemark und Schweden, die Metropole Göteborg mit den westschwedischen Schären sowie die lieblichen Gewässer in den Belten und im Smålands Fahrwasser. Alle diese Küstenabschnitte waren neu für mich. Sie haben eine gute wassersportliche Infrastruktur, die Häfen liegen nah beieinander. Schließlich liegt der Startpunkt in einer noch zumutbaren Entfernung.

Ich bin kein Meilenfresser. Mein Tourenkonzept besteht darin, Segeln und die Erkundung des Hinterlandes miteinander zu verbinden. Aus meinen langjährigen Logbuchaufzeichnungen geht hervor, dass LAETITIA eine Durchschnittsgeschwindigkeit von etwa 4 kn hat. Verbringt man die Hälfte des Tages, also vier bis fünf Stunden auf dem Wasser, kommt man 20 sm voran. Das ist also der Richtwert für die Tagesetappen. Nach dem Anlegen steht dann die andere Hälfte des Tages für Landausflüge zur Verfügung. Das Konzept hat sich auf vielen Reisen in den letzten Jahren bewährt. Dazu gehört auch, jeden vierten Tag eine Pause einzuplanen. Oft zwingen nämlich äußere Umstände dazu, im Hafen zu bleiben, etwa Starkwind, Flaute oder Nebel. Aber auch ein reizvolles Ambiente kann Anlass sein, an einem Ort einen weiteren Tag zu verweilen. Dass mich technische Schwierigkeiten an den Hafen fesseln, hoffe ich hingegen nicht. Vorsorglich habe ich einen neuen Außenborder beschafft, weil sich der alte in der letzten Saison als unzuverlässig erwiesen hat. Der Wunsch, unterschiedliche Reviere kennenzulernen, bedeutet aber auch, dass manche Tagesetappen deutlich länger sein müssen. Das gilt insbesondere für die Fahrt zwischen Schweden und Dänemark. Von Varberg an nach Anholt sind des 37 Seemeilen, von Anholt nach Grenå 27 Seemeilen. An diesen Tagen ist mit einer Reisedauer von mindestens 9 bzw. 7 Stunden zu rechnen. Da man nicht solange an der Pinne sitzen kann, habe ich einen Autopiloten nachgerüstet. Er soll auf den langen Etappen Entlastung bringen.

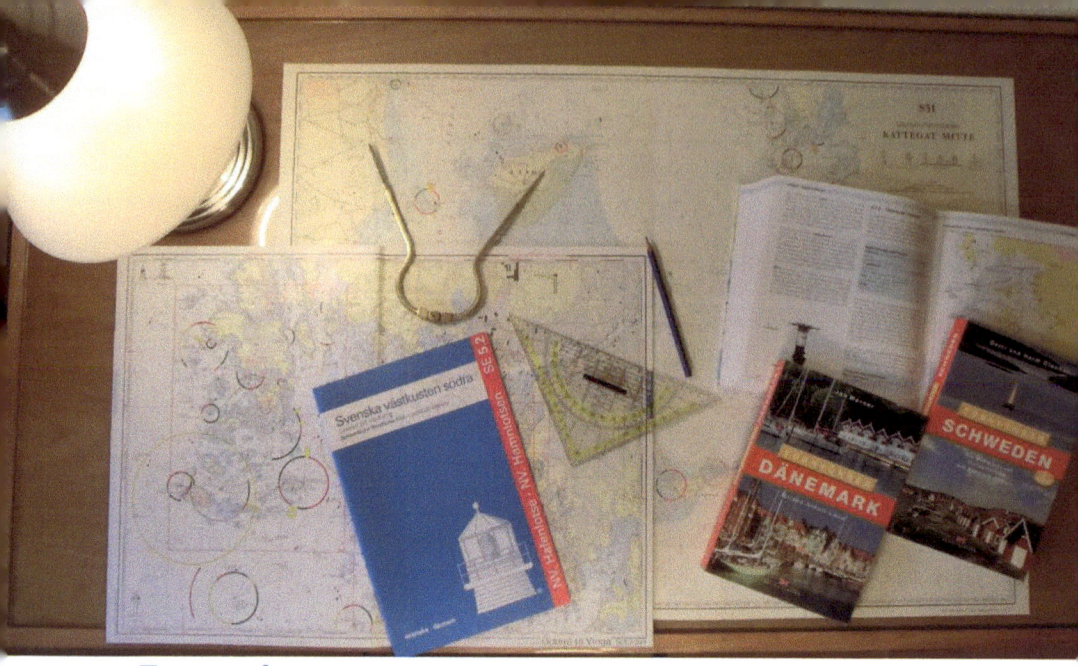

Tourenplanung

Unter Berücksichtigung des Tourenkonzeptes ist ein Fahrplan entstanden, der für jeden Tag Abfahrts- und Ankunftshafen, Entfernung und voraussichtliche Reisedauer aufführt. Das mag technokratisch klingen. Aber schließlich bin ich Beamter, überlasse Sachen ungern dem Zufall. Außerdem gehört eine gründliche Planung für mich nicht nur zur guten Seemannschaft, sondern ist bereits Bestandteil des Projektes. Pauschalreisen, die man in wenigen Minuten und mit einigen Mausklicks im Internet bucht, sind Konsumprodukte. Individuell zusammengestellte Segelreisen bedeuten hingegen mehr. Die Vorbereitung gibt bereits einen Vorgeschmack auf Freiheit, Abenteuer und Naturerlebnis, auch wenn es noch gar nicht losgegangen ist. Ich habe stundenlang über Seekarten gehockt, Tourenverläufe in Erwägung gezogen und wieder verworfen, Handbücher gewälzt und im Internet recherchiert, bis ein zufriedenstellendes Ergebnis vorlag. Nach dem Plan hätte ich voraussichtlich 730 Seemeilen zurückgelegt. Sowohl in der Vergangenheit als auch in diesem Jahr zeigte sich dann, dass sich die akribische Vorbereitung bewährt und auszahlt. Unterwegs bin ich nur wenig von den zuvor festgelegten Fahrplänen abgewichen. Dass am Ende der Reise 90 sm mehr auf der Logge waren, ist dem Abstecher nach Kopenhagen zu verdanken. Ein bisschen flexibel bin ich also doch noch!

Zur Vorbereitung der Reise waren ferner Arbeiten am Schiff notwendig. Sie haben länger gedauert als es mir eigentlich lieb war. Acht Wochenenden lang habe ich lackiert, die Elektrik grundlegend überholt, eine Haltevorrichtung für das Tablet mit der Seekarte montiert und Beschläge angebracht, um auf langen Seeschlägen einen Autopiloten in Betrieb nehmen zu können. Außerdem musste LAETITIA gereinigt, eingeräumt und verproviantiert werden.

Ausrüstung ergänzen

In nautischer Hinsicht braucht eine Fahrtenyacht, die bereits an Wochenenden und im Urlaub zum Einsatz gekommen ist, für einen Törn nach Skandinavien kaum einer Nachrüstung. Im Hinblick auf die Besonderheiten des Reviers sollten jedoch folgende Sachen zusätzlich angeschafft werden: In erster Linie natürlich Karten und Handbücher. Um an einem Fels festmachen zu können, an dem noch keine Haken installiert sind, braucht man Schärennägel. Praktisch ist auch eine Gurtrolle für den Heckanker. Außerdem empfehle ich einen Bojenhaken. In Skandinavien findet man häufiger Häfen mit Heckbojen oder Grundgeschirr. Mit einem Haken kann man schnell und umkompliziert in den Ring der Boje einpicken oder die schlammige Mooringleine aufnehmen.

Während die Yacht im normalen Leben überwiegend dem Segeln dient, gewinnt ihre Funktion als Wohn- und Lebensraum auf Langfahrt eine größere Bedeutung. Deshalb sollte man generell Sachen mitnehmen, die den Komfort an Bord erhöhen, etwa beim Kochen, Aufbewahren von Lebensmitteln oder bei der Freizeitgestaltung. Wer in den Norden will, sollte speziell an folgende Dinge denken: Das Wetter ist rauer als bei uns. Deshalb ist eine Heizung sinnvoll, für kleinere Boote reicht ein Petroleumofen aus dem Fachhandel oder ein Heizlüfter aus dem Baumarkt. Die Witterung ist auch zu berücksichtigen, wenn man die Garderobe zusammen stellt. Funktionskleidung und warme Pullover gehören auch im Sommer dazu. Für die Schären sind zwei Sachen zweckmäßig: Wer auf Barbecue Wert legt, sollte einen Grill für den Heckkorb mitnehmen, weil offenes Feuer auf den Felsen verboten ist. Da dort außerdem Wasserknappheit herrscht, empfiehlt sich ein Zusatzkanister – am besten mit Weithalsöffnung, um das Innere reinigen zu können. Schließlich müssen alle, die mit Gas kochen, an ausreichende Vorräte denken. Die Kartuschen in Skandinavien sind mit deutschen Anlagen oft nicht kompatibel.

3. ANREISE

Ende Juni. Der Urlaub beginnt und damit das Abenteuer. An einem Samstagvormittag, kurz vor Geschäftsschluss, hole ich den Leihwagen ab. Ich hatte lediglich einen Kombi gebucht, bekomme aber einen SUV mit viel PS unter der Haube. Ist vielleicht ganz gut, auch wenn es in Norddeutschland und Dänemark nicht sonderlich hügelig ist. Immerhin haben allein Trailer und Boot ein zulässiges Gesamtgewicht von anderthalb Tonnen. Nun beginnt ein straffes Programm, denn der PKW steht mir genau 48 h zur Verfügung. In diesem Zeitraum werde ich nicht nur rund 1.100 km zurücklegen, sondern auch diverse Rüst- und Ruhezeiten haben. In einem sorgsam ausgearbeiteten Ablaufplan ist alles minutiös festgehalten.

Zu Hause lade ich schwere Ausrüstungsgegenstände wie Außenborder, Ruderanlage und Anker ins Zugfahrzeug, zudem drei Kisten Proviant. Auch die Backskisten an Bord sind bis zum Rand mit Lebensmitteln vollgestopft. Das Preisniveau in Skandinavien ist bekanntlich deutlich höher als bei uns. Das hat mich zu Hamsterkäufen wie vor einer Katastrophe veranlasst. Mit Hilfe eines Nachbarn ziehe ich LAETITIA aus der engen Ausfahrt und kupple sie an den Wagen. Das Gespann hat jetzt eine Länge von immerhin ca. 13m. Nach einem letzten Rundgang durch Haus und Garten geht es los. Das Grundstück weiß ich bei meinen Nachbarn in guten Händen. Sie werden die Zimmerpflanzen gießen, den Postkasten leeren und ein wenig nach dem Rechten sehen. In den letzten Wochen habe ich zudem ein verzweigtes System von Beregnungsschläuchen ausgelegt und an eine Zeitschaltuhr angeschlossen, die morgens für eine Stunde den Wasserhahn öffnet. Wie sinnvoll diese Investition im Jahrhundertsommer 2018 war, werde ich aber erst bei der Rückkehr feststellen.

Bis zum Abend will ich nach Flensburg kommen, das sind 360 km. Tagesziel ist der letzte Autobahnrastplatz vor der Grenze. Dort will ich an Bord übernachten. Das ist "zur

Wiederherstellung der Fahrtüchtigkeit" zulässig, wie es in der Erläuterung zur Straßenverkehrsordnung heißt. In Dänemark darf man hingegen nur auf privatem Grund im Fahrzeug schlafen, etwa auf Campingplätzen. Kurz vor der Grenze tanke ich noch einmal voll. An sich soll auch der externe Tank für den Außenborder gefüllt werden, doch der Deckel lässt sich nicht öffnen. Selbst ein kräftiger Kerl, der an der Zapfsäule gegenüber steht, kann die Kappe nicht lösen. Nun ja, vorerst werde ich den Flautenschieber also mit Treibstoff aus einem Zusatzkanister über den internen Tank betreiben müssen. Später erinnere ich mich: Da das Dichtungsgummi immer hinausfiel, habe ich es im Winterlager mit Superkleber am Deckel befestigt. Offensichtlich war er nicht vollständig ausgehärtet. Als ich den Deckel wieder aufgeschraubt habe, ist er wohl herausgequollen und hat den Verschluss verklebt. Handwerkliche Glanzleistung!

Auf dem Landweg zum Limfjord

Der Rastplatz Altholzkrug ist erwartungsgemäß überfüllt, weil die Fernfahrer hier das Sonntagsfahrverbot für LKW abwarten müssen. Immerhin finden sich am Ende des Rastplatzes noch ein paar leere Parktaschen, in die das Gespann nur quer hineinpasst. Doch das stört niemanden. Zu so später Stunde sind kaum noch PKW unterwegs, die die Plätze beanspruchen könnten. Es gibt einen kurzen Imbiss aus der Kühlbox – belegte Brote und einen Apfel. Mühsam kraxele ich über die Badeleiter ins Schiff. Von einer Seite dringt der Lärm der Autobahn herein, von der anderen das Röhren des Kühlaggregats eines Lasters. "Das wird ja eine unruhige Nacht!", denke ich und schlafe auf der Stelle ein.

Am Sonntag klingelt der Wecker bereits um 6 Uhr. Morgenhygiene, soweit dies an den sanitären Einrichtungen eines Rastplatzes möglich ist. Frühstück. Vor 8 Uhr geht es weiter, denn es sind noch 240 km bis zum ersten Hafen dieser Reise. An der Grenze gibt es Kontrollen. Nach meinem Eindruck stehen dort nicht Zöllner, sondern Soldaten. Jedenfalls tragen sie Militäruniformen. Auf mich wirkt das etwas bedrohlich. Waren wir nicht schon viel weiter? Mit offenen Grenzen im Schengen-Raum? Die starken Migrationsströme im Jahr 2015 haben die EU-Mitgliedsstaaten dazu veranlasst, wieder stärker darauf zu achten, wer ins Land kommt. Ich werde durchgewunken und fahre auf einer leeren Autobahn, später auf Landstraßen nordwärts.

Früher als geplant bin ich Skive. Es ist einer der südlichsten Häfen des Limfjords. Ich hatte bereits Wochen zuvor per Email angefragt, ob man am Wochenende kranen könne. Der Hafenmeister hatte geschrieben, er sei sonntags eigentlich nicht im Dienst, ich solle aber trotzdem kommen. Ich war positiv überrascht, auch über die niedrigen Krangebühren von 300 DKK, umgerechnet etwa 40 €. Das ist halb geschenkt, üblicherweise löhnt man 70 bis 90 €. Tatsächlich ist der "Havnefoged" kurz nach meinem Anruf im Hafen, nur: am Kran gilt Selbstbedienung! Das habe ich noch nie erlebt, obwohl ich LAETITIA bereits seit zehn Jahren in den Urlaubsrevieren ins Wasser bringen lasse. In Deutschland braucht man wahrscheinlich einen Befähigungsnachweis, um einen Kran zu führen. Die Skandinavier sind in diesem Punkt offensichtlich entspannter. Ich glaube, der Herausforderung gewachsen zu sein. Wie häufig habe den Vorgang bereits beobachtet, ja sogar mitgeholfen! Der Hafenmeister empfiehlt mir einen guten Liegeplatz, weist mich in die Bedienung des Krans ein und kassiert die Gebühren. Der letzte Punkt ist die größte Herausforderung. Denn Barzahlung ist in den Häfen Dänemarks und Schwedens inzwischen die Ausnahme. Bereits im Törnführer stand, dass man Geldgeschäfte fast nur noch mit Kreditkarte oder mit dem Handy abwickelt. Bis vor kurzem hatte ich eine Kreditkarte für ein Statussymbol von Angebern und Neureichen gehalten, nun habe ich selbst eine. Damit wird im frisch modernisierten Hafen von Skive aber nicht am Automaten bezahlt, sondern über das Smartphone. Homepage aufrufen, Leistungen auswählen, Schiffsdaten und Kreditkartennummer eingeben – es klappt nicht auf Anhieb, das System steckt nach meinem Eindruck noch in den Kinderschuhen. Was auf herkömmlichem Wege in wenigen Minuten geklärt wäre, zieht sich über mindestens eine Viertelstunde hin. Schöne neue Welt!

Nachdem mir der virtuelle Hafenmeister den Code für das Kranhäuschen per Mail auf das Handy geschickt und der reale Hafenmeister zum Dank für seinen freiwilligen Sondereinsatz am Sonntag eine Flasche Wein erhalten hat, versuche ich, LAETITIA zu Wasser zu bringen. Und lerne, dass ein erfahrener Einhandsegler nicht auch ein guter Einhandkranführer ist. Zunächst befindet sich die Schiffsmittellinie nicht direkt unterm Haken. Das merke ich natürlich erst, als die Traverse aufgehievt ist, die Gurte unter dem Schiff hindurch geführt und eingehängt sind. Weil sperriger Unrat im Weg liegt, lässt sich der Trailer zumindest an dieser Stelle auch nicht neu ausrichten. Ich muss ihn abkuppeln und in eine günstigere Position schieben. Dort lässt sich LAETITIA zwar vom Trailer heben. Als die Gurte auf Zug kommen, hängt sie aber mit dem Bug sehr tief, mit dem Heck hoch. Egal, jetzt muss sie noch über das Hafenbecken geschwenkt werden. Auf der Fernbedienung befindet sich ein Knopf für die Horizontalbewegung. Doch er funktioniert nicht oder ist nur zum Schein da. Immerhin kann man das Krangestell an einem großen Rad manuell drehen. Das ist bei einem Gewicht von mehr als einer Tonne und Wind ein anstrengender Job. Ein anderer Segler übernimmt dabei freundlicherweise die Führungsleinen. Anschließend gleitet LAETITIA langsam in ihr Element.

Die Aktion hat Kraft und Nerven gekostet. Doch noch ist keine Zeit zum Ausruhen. Der Trailer soll für die Dauer der Reise bei meinem Bruder in Schleswig-Holstein abgestellt werden. Das sind noch einmal 380 km. Gegen 21 Uhr bin ich in Barmstedt, erhalte dort eine warme Mahlzeit und – zum letzten Mal für zwei Monate – ein festes Bett. Montagmorgen gebe ich den

Einhandkranen

Leihwagen in Hamburg ab und fahre dann mit der Bahn zurück. Am Hauptbahnhof steht ein Triebwagen aus drei Waggons auf dem Gleis. Ein unbefangener Beobachter würde ihn für eine Regionalbahn halten. Tatsächlich handelt es sich aber um den Eurocity nach Aarhus. Es ist die Baureihe MF der Danske Statsbaner, die auch unter der Bezeichnung IC3 läuft. Statt einer stromlinienförmigen Front hat sie einen viereckigen Gummiwulst. Kaum zu glauben, dass diese Einheiten zwischen 1989 und 1999 gebaut wurden. Vom Design her würde man sie eher in die Mitte des letzten Jahrhunderts verorten. Doch offensichtlich war der Retro-Look Absicht. Im Abteil hängen Werbeplakate für ein Konzert im Tivoli – im Jahr 1955.

Auch wenn der Zug voll ist und der Anschluss in Aarhus nicht erreicht wird – der Druck ist raus. Es war meine bisher ambitionierteste Logistik-Aktion mit LAETITIA. Ich bin froh, dass alles planmäßig verlaufen ist. Aber auch nachdenklich, und zwar in zweierlei Hinsicht. Als Segler will ich eigentlich umweltfreundlich reisen. Doch in den letzten zwei Tagen war ich mit einem schweren SUV nebst Anhänger unterwegs - nach der Abrechnung des Autoverleihers 1.100 km. Hinzu kommen die beiden Bahnfahrten, die zwar eine deutlich bessere Ökobilanz haben, aber auch nicht ganz emissionsfrei sind: von Stendal nach Magdeburg am Anfang, von Hamburg nach Skive zum Schluss. Insgesamt sind das über 1.500 km allein für die Hinreise. Das entspricht etwa dem, was am Ende des Törns auf LAETITIAs Logge stehen wird. Der Transport hat aber auch gezeigt, welche unterschiedlichen Dimensionen zu Lande und zu Wasser gelten. Für die Strecke, die ich an Land in zwei Tagen zurückgelegt habe, brauche ich zur See zwei Monate.

Mit dem Zug zurück zum Schiff

Yacht trailern

Kleinkreuzer haben den großen Vorteil, dass man sie auf dem Landweg schnell zu einem Zielrevier verbringen kann. Zeitraubende Überführungen auf eigenem Kiel lassen sich so vermeiden. Damit der Transport gelingt, muss das Schiff sicher auf dem Anhänger befestigt werden. Dazu zurrt man Gurte an Bug und Heck einmal senkrecht und einmal schräg auf den Rahmen des Trailers. Die senkrechten Gurte verhindern ein Wippen, die schrägen Gurte ein Verschieben der Ladung bei scharfen Bremsungen. Wichtig ist ferner, das in der Zulassungsbescheinigung vermerkte zulässige Gesamtgewicht (zGG) des Anhängers einzuhalten. Leergewicht von Trailer und Boot lassen sich meist aus den vorhandenen Dokumenten ablesen. Doch auf längeren Reisen braucht man auch Ausrüstung und Vorräte. Sie müssen in das Zugfahrzeug, wenn das zGG ausgereizt ist. Im Zweifel sollte man auf eine Waage fahren. Können die zusätzlichen Sachen an Bord genommen werden, so ist auf ihre Verteilung innerhalb des Bootes zu achten, insbesondere bei einachsigen Trailern. Die Stützlast, also der Druck auf die Kupplung von oben, muss stimmen. Ein Übergewicht an der Deichsel reduziert man durch Verlagerung von Gewichte innerhalb des Bootes hinter die Achse. Die Stützlast lässt sich ermitteln, indem man ein entsprechend zugesägtes Holzstück direkt zwischen die Kupplungsklaue und eine Körperwaage stellt.

Überhänge nach hinten dürfen nicht länger als 1,5m hinausragen (bei Kurzfahrten bis 100 km: 3 m) und müssen gekennzeichnet sein. Überschreitet das Gespann die Höhe von 4 m und die Breite von 2,55m, braucht man eine Sondergenehmigung des Straßenverkehrsamts.

Bei der Fahrerlaubnis ist zu differenzieren. Da der Anhänger meist über 750 kg schwer ist, reicht ein einfacher PKW-Führerschein (Klasse B) nur, wenn das Gespann insgesamt 3,5 t nicht überschreitet. Andernfalls ist ein Führerschein der Klasse BE notwendig. Unterwegs gibt es zwei wichtige Besonderheiten: Außerorts darf man nur 80 km/h fahren (Ausnahme: 100er-Plakette) und muss so viel Abstand zum Vordermann einhalten, dass ein überholendes Fahrzeug einscheren kann (Faustformel: km/h laut Tachometer entspricht dem notwendigen Abstand in m). Informationen über die Benutzung von Gespannen im Ausland gibt's beim ADAC (Faltblatt „Mit dem Bootsanhänger durch Europa").

4. LIMFJORD

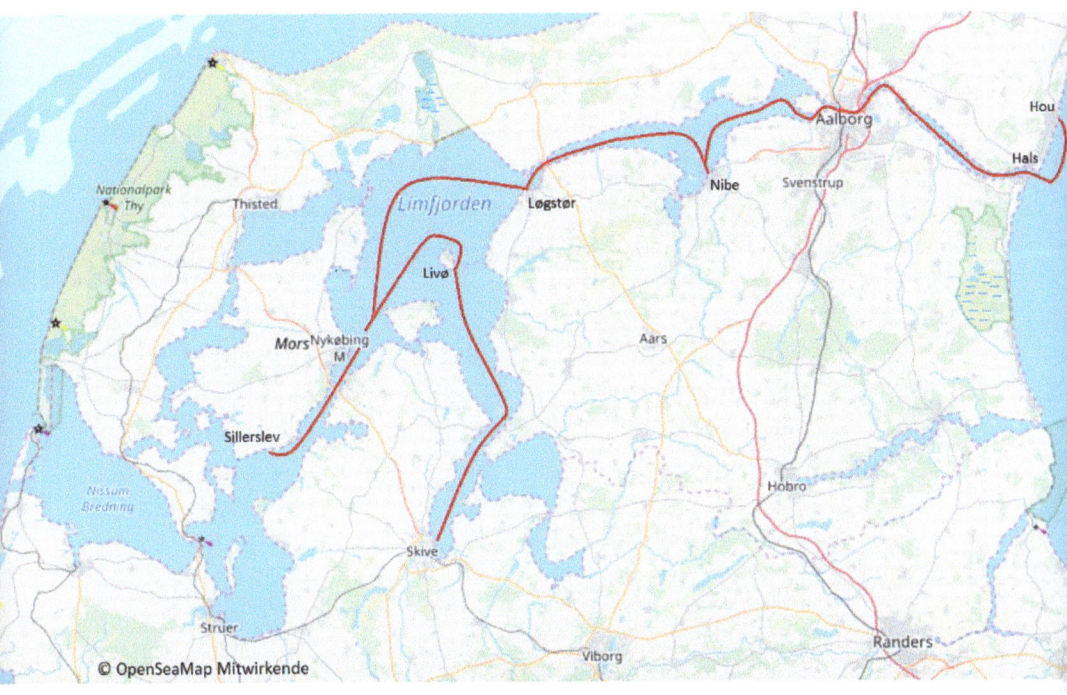

Diese fluss- oder seenartige Verbindung zwischen Nord- und Ostsee soll unbedingt ein Teil meiner Reise werden. Dafür gibt es zwei Gründe: LAETITIA ist zwar küstentauglich, stampft sich in der kurzen Ostsee-Welle aber schnell fest. Geschützte Reviere sind deshalb besser für sie geeignet. Außerdem mag ich Gebiete, in denen Land und Wasser ineinandergreifen. Solche Landschaften sind nicht nur schön anzuschauen; die Navigation wird auch spannender. Das gilt für das Wattenmeer, für die Förden und für die Bodden. Warum sollte es im Limfjord, später in den Schären und in den Belten anders sein? Tatsächlich präsentiert sich gleich am ersten Segeltag ein reizvolles Revier. Bei allerbesten Wetterverhältnissen geht es nordwärts durch den weitläufigen Skive Fjord. Später im Hvalpsund rückt das hügelige Ufer enger an das Fahrwasser. Bei der gleichnamigen Ortschaft kreuzt eine Fähre. Bei der Insel Rotholmene führt der Kurs weiter nach Westen. Das Eiland ist so flach, dass man drüber hinweg sehen kann. Es gehört allein den Vögeln. Das Schutzgebiet darf von Menschen nicht betreten werden.

Ziel ist die Naturinsel Livø. Auf der Karte sieht sie aus wie eine Kaulquappe. Im Norden steigt sie 43m steil aus dem Limfjord empor und ist dicht bewaldet. Zur Mitte hin wird sie flacher; hier findet man Wiesen und die kleine Siedlung. Im Süden läuft die Insel in einem langen gewundenen Schweif aus, einem Sand- und Geröllhaken, der kaum über die Oberfläche des Wassers hinausragt. Er ist in der Ansteuerung nur schwer auszumachen, zum Glück aber gut markiert. Bei der Ankunft finde ich einen winzigen Hafen (etwa 25 x 50 m), der gut gefüllt ist. LAETITIA geht an der Yacht einer jungen Familie aus Aalborg längsseits. Smalltalk. Im Inselladen zahle ich die Liegegebühren – diesmal ganz traditionell mit Bargeld, klappt hervorragend – und kaufe ein frisches Brot.

Zu Beginn eines Törns verspüre ich fast immer den Druck, weiter zu kommen. Das ist tags drauf auch so - trotz des straffen Arbeitsprogramms der ersten vier Urlaubstage und trotz der langen freien Zeit, die noch vor mir liegt. Doch angesichts der Wetterprognose und der schlaff herabhängenden Fahnen ist es am sinnvollsten, zu bleiben und die Insel eingehend zu erkunden. Ich wandere einmal im Uhrzeigersinn um sie herum. Zunächst über Trampelpfade zur bewaldeten Anhöhe, von der man einen guten Ausblick hat. Später zum „Schwanz" der Insel, dem sog. Liv Tap.

Das Eiland gehörte seit 1200 zum Vitskøl-Kloster, später zum Gut Bjørnsholm. Im Jahr 1911 erwarb Prof. Keller Livø und errichtet eine Nervenheilanstalt. Fünfzig Jahre lang wurden geistig behinderte Kriminelle hier in der Land- und Forstwirtschaft eingesetzt. In dieser Zeit war die Insel Sperrgebiet. Seit 1970 ist sie wieder für die Allgemeinheit zugänglich. Sie wird heute vom Umweltministerium verwaltet. In der ehemaligen Anstaltssiedlung finden sich ein

Landschulheim und eine Forschungseinrichtung für ökologische Landwirtschaft. In den Sommermonaten verkehrt eine Fähre regelmäßig nach Rønbjerg. Sie bestimmt auch das Leben auf Livø. Wenn das Schiff anlegt, füllt sich die etwa 1 km lange Straße ins Dorf. Der Kaufmann öffnet für ein paar Stunden seine Pforten. Doch sobald abends die letzten Touristen abgereist sind, sind die Segler und die zehn dauerhaften Einwohner wieder unter sich.

Livø - Naturinsel mit Schweif

Um die Fahrt nach Sillerslev vorzubereiten, widme ich mich abends der Seekarte. Sie gehört – neben dem Pinnenpiloten – zu den Innovationen dieser Saison. Bisher waren nur Papierkarten an Bord, doch nun hat das Zeitalter der Digitalisierung auch LAETITIA erreicht. Das Kartenwerk ist jetzt elektronisch und befindet sich auf einem Tablet. Das hat viele Vorteile: günstige Anschaffung, zeitnahe Aktualisierung per Mausklick, Anzeige der Schiffsposition im Overlay, Zielführung etc. Hingegen ist es eine Herausforderung, das Gerät an einer gut einsehbaren Stelle zu befestigen, wasserdicht zu verpacken, ausreichend mit Strom zu versorgen und vor allem: bei Sonnenschein das Display abzulesen. Mit einer Halterung samt Saugnapf, einer Plastikhülle mit selbstgebastelter Kabeldurchführung, einer im Cockpit montierten USB-Buchse und einem Geschirrhandtuch als Schattenspender habe ich diese Probleme halbwegs in den Begriff bekommen. Trotzdem ist es gut, auf die alten Papierkarten zurückgreifen zu können. Bei der Navigation sind die analoge Vergangenheit und die digitale Gegenwart eine fruchtbare Symbiose eingegangen.

Bevor es weiter in die Ostsee geht, will ich einmal um die Insel Mors und damit eine Limfjord-Rundfahrt absolvieren. Nächster Hafen ist Sillerslev. Während LAETITIA im Schutz von Livø noch wie auf Schienen fährt, beginnt sie bei nachlassendem Wind auf dem offenen Limfjord in einer Altsee wie eine Betrunkene zu torkeln. Ich will schon die Genoa aufziehen, als der Wind ein Einsehen hat und auffrischt. Von da ab geht es auf der Kreuz an der Westseite von Mors südwestwärts, vorbei an Nykøbing, Glyngøre und unter der Hochbrücke hindurch bis nach Sillerslev.

Seewetter

Das Klima in den Bereichen Skagerrak, Kattegat, Belte und Sund sowie südwestliche Ostsee ist maritim geprägt. Es zeichnet sich durch relativ feuchte und gemäßigt warme

Luftmassen aus. Für die langfristige Planung einer Reise ist die Wetterstatistik von Bedeutung. Sie gibt nämlich eine Orientierung, wann mit guten Segelbedingungen zu rechnen ist. Das Klima zwischen Dänemark und Schweden lässt sich beispielhaft anhand der Messdaten für Anholt darstellen. Die Insel liegt zentral im Revier. In den Monaten der Saison ergeben sich folgende Tageswerte (zwischen 7 und 19 Uhr):

Monat	April	Mai	Juni	Juli	August	September	Oktober
Hauptwindrichtung	SSW	SSW	SSW	WNW	WNW	WNW	SSW
Durchschnittliche Windstärke (km/h)	22	20	24	22	24	26	30
Wahrscheinlichkeit von Starkwind (=/> 4 Bf) in %	50	49	58	47	56	61	73
Durchschnittliche Lufttemperatur (° C)	8	13	16	19	19	16	11
Sonnenstunden/Tag	6,1	7,8	8,6	7,8	6,9	4,8	3,0
Regentage/Monat	18	17	17	17	18	20	20
Regenmenge/Monat in mm	33	35	44	46	58	54	66

Am Freitag erzwingt Starkwind einen weiteren Hafentag. Immerhin ist es sonnig. Mit einem Leihfahrrad mache ich eine Spritztour über die Insel Mors. Sonderbarer Name. Auf lateinisch bedeutet das „Tod" und auf niederdeutsch – nun ja, das übersetzt man nicht. Die Insel ist leicht hügelig und landwirtschaftlich geprägt. Kornfelder wiegen sich im Wind. Dazwischen einzelne Gehöfte – mit dem für Dänemark typischen gelben Anstrich und Stockrosen vor der Tür. Meine Rundfahrt führt zu zwei Dörfern, Øster Assels und Ørding. Auffällig sind die beiden Kirchen, sie sehen einander sehr ähnlich und erinnern mich an St. Severin in Keitum auf Sylt.

Kirche von Øster Assels auf der Insel Mors

Der Wind hat auf NW gedreht. Für den planmäßigen Verlauf der Reise würde das bedeuten, bis zur SW-Spitze der Insel zu motoren. Die engen und flachen Gewässern südlich von Mors eignen sich nämlich nicht zum kreuzen. Doch drei bis vier Stunden das Geknatter der Maschine zu ertragen, bis zum Beginn der geschützten Fahrwasser bei der Insel Jegindø durch die immer noch heftige Welle zu stampfen und auf der Weiterfahrt nach Thisted auf die Öffnung der Vilsund-Brücke zu warten? Das klingt nicht verlockend. Außerdem haben meine Eltern ihren Besuch angekündigt und bei Aalborg eine Unterkunft gebucht. Ich will ihnen die Fahrerei ersparen und lasse den Plan von der Umrundung Mors' fallen. Auf dem gleichen Weg geht es also wieder zurück; auf einem Anliegerkurs erreiche ich nach 7h das knapp 30 sm entfernte Løgstør.

In vergangenen Zeiten wurde der Weg durch Skagerrak und Kattegat vielen Seeleuten zum Verhängnis. Der Limfjord war für die Schifffahrt deshalb *die* Alternative zur gefährlichen Fahrt rund Skagen. Nachdem eine Sturmflut 1825 bei Thyborøn einen Durchbruch zur Nordsee geschaffen hatte, erlebte der

Verkehr auf dem Limfjord einen fulminanten Aufschwung. Thisted und Nykøbing bauten ihre Häfen aus. Problematisch blieben aber die Untiefen bei Løgstør, insbesondere für Großschiffe mit Ziel Aalborg. Sie mussten geleichtert werden, die Fracht wurde also vorübergehend in flachgehende Boote umgeladen. Hierdurch verringerten die Dampfer ihren Tiefgang, konnten über die Flachs geschleppt und anschließend wieder beladen werden. Wie umständlich! Der dänische Reichstag beschloss daher 1856, einen Kanal zu bauen. Der Graben wurde zwischen den Orten Løgstør und Lendrup in Handarbeit ausgehoben, und zwar an Land, parallel zur Küstenlinie. Er ist 4.400m lang, 30 m breit und 3 m tief. Erst am Schluss wurde er an den Limfjord angeschlossen und geflutet. König Frederik VII weihte den Kanal 1861 ein und gab ihm ganz unbescheiden seinen Namen. Vierzig Jahre wurden Schiffe auf dem künstlichen Wasserweg gesegelt oder getreidelt, in den besten Zeiten zählte man rund 2.900 Passagen pro Jahr. Weil die Schiffe immer größer wurden, baggerte man im Jahr 1901 eine Rinne durch die Untiefen im Fjord. Der Kanal wurde darauf in Lendrup verschlossen. In Løgstør dient er immerhin

Zollhäuser am Frederik VII-Kanal bei Løgstør

noch als Hafen. Dort ist auch der Sitz des Kanalvogts erhalten, ein stattliches weißes Doppelgebäude mit Treppengiebel, welches heute das Limfjord-Museum beherbergt. Die gesamte Anlage steht unter Denkmalschutz.

Europa ist der Kontinent der Vielfalt – wo sonst findet man auf so kleinem Raum so viele Sprachen, Kulturen, Bräuche, Eigenheiten? An einem banalen Detail wird mir das in Løgstør wieder deutlich. Beim Duschen kommt plötzlich jemand in die Kabine. Dabei hätte ich schwören können, die Tür verriegelt zu haben. Ich murmele betreten „sorry, occupied" und drehe den Schließknopf gleich zweimal um. Trotzdem platzt wenige Minuten später ein anderer Segler in die Kabine. Er erkennt schnell, dass ich ein Ausländer bin und erklärt mir die Funktionsweise: Türklinke *hoch*heben und den Knebel erst dann betätigen. Wer soll das ahnen? So geht also stressfreies Duschen auf dänisch.

Östlich von Løgstør ändert der Limfjord seinen Charakter: Anstelle der seenartigen Landschaft tritt ein flussartiger Verlauf. Nach der Klappbrücke über den Aggersund, die LAETITIA im Pulk mit anderen Yachten passiert, richtet man sich nach dem Tonnenstrich. Doch das ist heute kein Problem, der Wind bläst genau von hinten. Erstmals kommt der Autopilot zum Einsatz. Der „eiserne Gustav", so ein Spitzname, macht zumindest bei den herrschenden Idealbedingungen einen guten Job. Als wir später nach Süden abdrehen, reagiert er deutlich nervöser. In kurzen Intervallen hört man das leise Brummen der Schubstange, die die Pinne betätigt und das Schiff wieder auf Halb-Wind-Kurs bringt.

flussartiger Verlauf des Limfjords östlich von Løgstør

Die Bucht bei Nibe läuft flach aus. Sehr flach. Zeitweise ragen sogar Steine aus dem Wasser. Es wird schnell deutlich, dass der Wasserstand ein Problem für den Hafen darstellt. Allerdings nicht wegen des Tiefgangs. Die Anlage ist über eine ausgeprickte Rinne gut zu erreichen. Im flachen, sich schnell erwärmenden Wasser gedeiht das Seegras. Ganze Bündel schwimmen an der Oberfläche und verhaken sich an Außenborder und Ruder. An der Mole ist ein Netz gespannt, damit möglichst wenig Kraut in den Hafen treibt. Ich mache im südlichen Teil des Beckens fest und stelle dann – zunächst verärgert – fest, dass es von dort aus 400 m zum Hafenmeister und zu den sanitären Anlagen sind. Doch als ich dort angekommen bin, ist mein Unmut schnell verflogen. Der Wind hat riesige Seegras-Pakete im nördlichen Teil des Beckens zusammengetrieben. Sie bedecken etwa ein Drittel der Fläche. Die Schicht ist so stabil, dass sie selbst Schwäne trägt. Die eingeschlossenen Yachten dürften erhebliche Probleme haben auszulaufen. Außerdem riecht es – diplomatisch formuliert – auffällig.

Bier heißt hier Øl

Meine Eltern sind eingetroffen. Wir spazieren abends durch Nibe. Das Städtchen wirkt verlassen, aber gemütlich. Eben „hyggelig", wie man hier sagt. An einem Gasthof hängt die legendäre Werbung für Tuborg-Bier – auf dem Bild wischt sich ein beleibter Wanderer den Schweiß vom Kopf. Bier heißt in Dänemark übrigens Øl. Ein weiterer Grund für mich, lieber Wein zu trinken.

Weiter geht's nach Aalborg. Die kommenden 12,5 sm segle ich ausnahmsweise nicht einhand. Meine Mutter wird zwar bereits beim Anblick von Booten seekrank, aber mein Vater will mit an Bord. Zunächst *darf* er an die Pinne, nach einer kurzen Pause, in der sich bei ihm sofort leichte Übelkeit einstellt, *muss* er wieder an die Pinne. Steuern hilft nämlich gegen Seekrankheit und ist heute selbst für einen nautischen Laien keine große Herausforderung. Der Wind kommt wieder von hinten, man muss nur von einer Tonne zur nächsten fahren. Der Strom setzt mit 1,5 kn in unsere, also in die richtige Richtung. Die Tour ist reizvoll. Das Fahrwasser verengt sich zusehends und mäandriert an Inseln und flachen Ufern entlang.

Aalborg ist mit rund 120.000 Einwohnern Dänemarks viertgrößte Stadt und maßgeblich durch seine Industrie geprägt. Die Schlote der Fabriken sind bereits von weitem zu sehen. Schwerpunkte sind Metall und Chemie. Der Aquavit, der die Stadt bekannt gemacht hat, wird allerdings seit 2015 in Norwegen gebrannt. Wir schauen uns die Sehenswürdigkeiten an, u.a. den weiß gekalkten Dom St. Budolfi, der ab dem Jahr

1200 gebaut wurde, Jens Bangs Stenhus, das größte bürgerliche Renaissancegebäude Nordeuropas und das 1539 von Christian III. errichtete Fachwerkschloss Aalborghus. Vor allem aber lassen wir uns durch die belebten Gassen und das Vergnügungsviertel Jomfru Ane Gade treiben.

Jens Bangs Stenhus in Aalborg

Abends reisen meine Eltern wieder ab. Doch wir werden in den nächsten zwei Monaten engen Kontakt halten – viel intensiver als sonst. Jeden Tag werde ich telefonisch über meinen Standort und die Erlebnisse des Tages berichten, meine Eltern die Fahrt auf der Karte verfolgen. So wird es ein bisschen auch ihre Reise. Als Einhandsegler bin ich über eine Verbindung in die Heimat dankbar, denn mit anderen Seglern kommt es in der Regel nur zu flüchtigen Gesprächen.

Trotz ungünstigem Wind fahre ich am nächsten Tag weiter. Die Passage der beiden Brücken von Aalborg funktioniert gut. Um 9.55 Uhr öffnet die Bahnbrücke, um 10.00 Uhr die wenige hundert Meter östlich gelegene Autobrücke – so kommt man in einem Rutsch durch. Bei Flaute geht es unter Maschine durch das ausgedehnte Industrie- und Hafengebiet. Später macht der Limfjord eine 90°-Biegung nach Südost. Der Wind legt auf 2-3 Bf. zu, kommt jetzt aber genau von vorn. Der Quirl läuft also weiter. Bei Hals mündet der Limfjord ins Kattegat. Von dort aus würde mein Kurs nach Norden weiterführen, der Wind käme dann raum ein. In der Hoffnung, noch ein bisschen segeln zu können, verlasse ich den Limfjord. Die enge Ausfahrt ist gut ausgetonnt. Sie führt über ein weit ausgreifendes Flach, das bereits mehreren Schiffen zum Verhängnis geworden ist. Das Wrack eines Trawlers ragt aus dem Wasser, nicht weit vom Tonnenstrich entfernt. Doch weil das Wetter ruhig ist, bereiten die Untiefen heute keine Probleme. Draußen drehe ich nach Norden ab und setze Segel. Doch ausgerechnet jetzt schläft der Wind ein, LAETITIA kommt in 15 min gerade einmal drei Kabellängen voran. Zerknirscht lasse ich den Jockel wieder zu Wasser und fahre nach Hou. Bilanz: 25 sm unter Maschine, die eigentlich nur eine Hilfsfunktion haben soll. Am Folgetag hätte ich den größten Teil der Strecke bei Nordost unter Segel zurücklegen können. In Hou zwingt mich diese Windrichtung hingegen zu einem Hafentag, weil ich sonst nach Sæby kreuzen müsste. Außerdem hat sich – gerade einmal 10 Betriebsstunden nach Anschaffung des Außenborders – eine Schraube gelöst, die den Schaft in seiner senkrechten Drehachse fixiert. Da sie nun auf dem Meeresgrund liegt, muss ich den Motor für den Rest der Reise mit Zugleinen in die richtige Stellung zwingen. Die Stimmung ist dementsprechend gedämpft. Ein bisschen tröstet mich, dass es anderen noch schlimmer geht: Neben der Einfahrt in den Hafen ist ein Boot gestrandet. Es liegt dort im brusthohen Wasser und wird von Badegästen ausgiebig erkundet. Hat sich der Eigner zu sehr auf das GPS und zu wenig auf die Sichtnavigation verlassen?

5.   NÖRDLICHES KATTEGAT

Hou ist ein kurioser Hafen. Er liegt mitten in den Dünen. Der Zugang ist über eine schmale Rinne, die beidseits von langen Steinschüttungen geschützt wird. Trotzdem neigt sie zur Versandung. Der Hafenmeister spült das Sediment regelmäßig mit einer ausgedienten Hafenbarkasse aus der Einfahrt. Das neue Seglerheim hat Sanitärräume, Küche, Aufenthaltsräume mit Bibliothek und WLAN sowie eine Sonnenterasse. Im Vergleich zur Infrastruktur in deutschen Häfen ist das alles recht feudal. Um das Beste aus dem Aufenthalt zu machen, lese ich in einem Roman und gehe später zum Baden an den Strand. Dort hat man einen alten Kutter in der Mitte zersägt, die beiden Hälften aufgerichtet und daraus eine Umkleidekabine hergestellt.

Am Strand von Hou

Sæby soll nicht nur einer der sehenswertesten Häfen der Region sein, sondern ist auch ein günstiger Ausgangsort für eine Kattegat-Querung über Læsø. Der Westwind, der LAETITIA anfangs noch gut voranbringt, schläft rund 7 sm vor dem Ziel ein. Die Ostsee liegt spiegelblank da. Man sieht den Schattenriss der Yacht deutlich auf dem weißen Sandboden, der durch die Wasseroberfläche schimmert. Ich will das Großsegel bergen, doch das geht nicht. Offensichtlich ist das Fall im Topp aus seiner Führung gesprungen und hat sich zwischen Rolle und Halterung festgeklemmt. Na prima! Ich verstehe nicht ganz, weshalb diese Komplikation ausgerechnet jetzt, bei ganz ruhigen Seeverhältnissen eintritt. Andererseits sind das wohl die günstigsten Rahmenbedingungen, denn bei viel Wind wäre die Panne wohl deutlich schwieriger zu bewältigen. Mit roher Gewalt muss ich das Tuch herunter zerren. Der Vorlauf des Falles besteht aus Drahtseil und ist danach wie eine Spirale verdreht. Bei der Ankunft in Sæby ist es schwer, überhaupt noch einen freien Platz zu finden. Es ist Hafenfest. Im Päckchen ließe sich der Mast nicht legen, was für die anstehende Reparatur aber notwendig ist. Mit etwas Glück finde ich die wohl letzte freie Box und ein Stück Dynema als Ersatz für den unbrauchbar gewordenen Drahtvorlauf. Nach vier Stunden Notoperation ist LAETITIA wieder voll einsatzfähig. Dabei verhindern die flotten Rhythmen eines Jazz-Orchesters sogar, dass schlechte Laune aufkommt. Abends ist noch Zeit für einen Rundgang durch die Stadt. Der Reiseführer hat nicht zu viel versprochen. Ein malerischer kleiner Ort, über den der weiße Turm der ehemaligen Klosterkirche St. Marien mit Treppengiebel, Uhr und Glockenspiel hinausragt.

Stadtidyll Sæby

Als ich spät zu LAETITIA zurückkehre, haben sich genau an dieser Stelle viele Menschen auf der Mole versammelt. Ich wundere mich etwas darüber und widme mich der Zubereitung des Abendbrots. Plötzlich erschallt draußen eine Trompete. Eine Frau in Uniform steht auf einem kleinen Podest neben dem Fahnenmast und spielt offenbar die Nationalhymne. Gleichzeitig holt der Hafenmeister den Danebrog ein. Als die Musik verstummt, gibt es kurzen Applaus und die Versammlung löst sich auf. Wer in der deutschen Zivilgesellschaft an einer derartigen Flaggenzeremonie teilnähme, stünde wohl gleich im Verdacht, nationalkonservativ und paramilitärisch zu sein. Doch die Dänen haben ein deutlich unverkrampfteres Verhältnis zu ihrem Staatssymbol.

Der erste Sprung über das Kattegat soll über die Insel Læsø führen. Sie liegt etwa auf halber Strecke zwischen Jütland und Schweden. Nach der Hitze der letzten Tage ist es wohltuend, heute bei bedecktem Himmel und raumem Wind unterwegs zu sein. Der eiserne Gustav steuert fast die gesamte Strecke. Dabei müssen wir das weit nach Norden ausgreifende Riff Nørdre Rønner umfahren. Auf einer kleinen Insel steht der gleichnamige Leuchtturm – mit zwei Häusern. Bis zur Spitze steht eine See von 0,5 bis 0,75m. Dahinter wird es dann deutlich handiger. Wir wollen nach Østerby, dem östlichen Hafen von Læsø, um den langen Weg nach Schweden etwas abzukürzen. Dort ist wie in Sæby Hafenfest, aber es ist noch voller. Mit etwas Glück bekomme ich einen Platz als drittes Schiff im Päckchen. Es herrscht viel Trubel: Viele Bands, Würstchenbuden, überfüllte Gastronomie. Die Mittellage im Kattegat führt aber auch zu einem internationalen Flair. Hier kreuzen sich die Wege der Yachties – man sieht Schweden, Norweger, Deutsche und in der Minderzahl auch ein paar Dänen. Etwas ruhiger ist es lediglich im angrenzenden Fischerhafen, in dem eine kleine Flotte seegängiger Trawler liegt.

Verzwickte Parkplatzsituation in Læsø Østerby

Zeit für eine kurze Spritztour mit meinem Elektro-Scooter. Für ein Klapprad fehlt der Platz auf LAETITIA. Der kleine Roller mit Motorantrieb ist hingegen binnen Sekunden einsatzbereit und beschert mir immerhin eine Mobilität von knapp 15 km. Ich fahre damit zur gelben Dorfkirche aus dem Jahr 1928, die etwas im Landesinneren liegt. Der Weg führt durch Klitplantagen, die hier die Landschaft prägen. Es handelt sich dabei um aufgeforstete Tannenwälder für den Küstenschutz. Sie sollen verhindern, dass der Sandboden vom Wind erodiert wird. Ein schachbrettartiges Straßennetz durchzieht die Plantage und erschließt die darin befindlichen Ferienhäuser. Auf dem Heimweg beschaffe ich in einem Supermarkt noch etwas Wegzehrung. Auffällig ist, dass der Laden auf etwa der Hälfte seiner Fläche geistige Getränke anbietet. Schwedische Segler kommen an den Wochenende nämlich scharenweise, um sich hier mit Alkohol einzudecken, der in ihrer Heimat noch teurer ist.

Alkohol in Schweden

Schweden verfolgt eine restriktive Alkoholpolitik, um seine Einwohner vor den Gefahren der Trunksucht zu schützen. Der gesamte Vertrieb von alkoholischen Getränken ab 3,5 Volumenprozent liegt in der Hand des staatlichen Unternehmens „Systembolaget". Der Gewinn aus dem Handel wird in Maßnahmen zur Verbesserung der Volksgesundheit investiert. Ihren Ursprung hat die Alkoholpolitik in einer Abstinenzbewegung, die 1910 ihren Höhepunkt erreichte und mit einem Totalverbot knapp scheiterte. Nachdem Alkohol bis 1955 nur nach individueller Prüfung in rationierten Mengen ausgegeben wurde, erfolgt die Eindämmung des Konsums heute allein über die (hohen) Preise. Mengenrabatte sind verboten, es gibt keine Bündelungen (z.B. Sechserpacks). Auch

Schwedisches Alkoholmonopol

im Verkehr zu Lande und zu Wasser gelten mit 0,2 Promille schärfere Einschränkungen als in Deutschland.

Wer im Urlaub nicht auf Alkohol verzichten möchte, sollte ihn aus Deutschland einführen. Personen über 20 Jahre dürfen Getränke für den Eigengebrauch, das heißt für sich selbst und die eigene Familie, steuerfrei einführen, wenn sie selbst transportiert werden. Es gelten zwar Höchstmengen, die allerdings sehr auskömmlich bemessen sind, nämlich 10 l Spirituosen (>22% Vol), 20 l Starkwein (15-22% Vol), 90 l Wein (3,5-15% Vol), 110 l Bier (>3,5% Vol). Näheres unter www.tullverket.se.

Eine persönliche Anmerkung: Aus unserer Sicht erscheint die schwedische Alkoholpolitik übertrieben. In Deutschland wird Alkohol noch überwiegend positiv aufgenommen. Als Genussmittel eben, was er ja unzweifelhaft auch ist. Die Winzer- und Brauertradition hat bei uns einen so hohen Stellenwert, dass vergleichbare Restriktionen politisch kaum umsetzbar wären. Dabei wird aber oft übersehen, dass der Missbrauch von Alkohol erhebliche Schäden anrichtet. Übermäßiges Trinken steigert das Risiko von Herz-Kreislauferkrankungen, von diversen Krebsarten, schädigt Gehirn, Nervensystem und Leber sowie schwächt das Immunsystem. Die Drogenbeauftragte der Bundesregierung geht von 73.000 Toten pro Jahr infolge Alkoholmissbrauchs aus. 2015 ereigneten sich 34.500 Verkehrsunfälle (davon 13.000 mit Personenschäden), an denen mindestens ein Beteiligter alkoholisiert war. 32,1% aller Gewalttaten geschehen unter Alkoholeinfluss. Vielleicht sollten wird vor diesem Hintergrund mal überlegen, ob wir von den Schweden nicht etwas lernen können.

Weil der Wind im Laufe des Tages nachlassen soll, aber Schweden 30 sm entfernt ist, bemühe ich mich um einen frühen Start, komme aber erst gegen 8.40 Uhr los. Es ist bedeckt. Der Wind weht mit 4 bis 5 Bf. aus West. Vor mir verlässt eine fette Bavaria den Hafen. Sie ist knapp zweimal so lang wie LAETITIA.

Kaum hat sie ihre Nase um die hohe Hafenmole gesteckt, bäumt sie sich in der Altsee von 1,5 m auf wie ein wildes Pferd. „Das kann ja heiter werden", denke ich und werde kurz danach selbst durchgeschüttelt. Gustav und der Außenborder zwingen LAETITIA aber kurz auf einen Kurs gegen den Wind, so dass ich Segel setzen kann. Ein ruppiger Job. Kaum ist das Schiff abgefallen, stürmt es mit 6 bis 7 kn davon. Das sind umgerechnet 12 km/h und ungefähr das Mindesttempo, um mit einem Fahrrad nicht umzukippen. Aber auf dem Wasser gelten andere Gesetze: Ich bin im Geschwindigkeitsrausch. Einziger Wermutstropfen: Die großen und modernen Yachten auf dem Weg nach Schweden ziehen an mir vorbei und sind nach zwei Stunden hinter der Kimm verschwunden. Zwar gibt es einen wissenschaftlich belegten Zusammenhang zwischen Größe und Geschwindigkeit eines Schiffes (Stichwort „Länge läuft") und seit LAETITIAs Baujahr 1972 hat die Yachtbaukunst auch deutliche Fortschritte gemacht. Dass ich aber *so* böse versegelt werde, habe ich noch nicht erlebt.

Nach Querung des Hauptschifffahrtswegs flaut der Wind ab. Um dennoch gut voranzukommen, muss die Fock jetzt gegen die Genoa ausgetauscht werden. Das wird beim unverändert hohen Seegang kein Vergnügen. Hinter mir kommt ein Motorsegler auf. Günstige Gelegenheit. Wenn ich über Bord gehe, kann mir jemand helfen. In vollem Ölzeug taste ich mich aufs Vordeck. Ein wasserdichtes Funkgerät steckt für den Notfall in der Tasche. Lifeline ist jetzt Pflicht. Mit Mühe bekomme ich die Fock runter, bringe sie ins Cockpit und krabble mit der Genoa wieder nach vorn. Die 15 min des Segelwechsels fühlen sich an wie eine Ewigkeit. Danach bin ich durchgeschwitzt und mir ist leicht übel. Doch die Mühe hat sich gelohnt, denn es geht mit deutlich besserer Geschwindigkeit weiter. Erst kurz vor Vinga schläft der Wind ein, so dass der Motor uns die letzten 5 sm schiebt. An sich müsste die Schäre längst zu sehen sein, doch es ist nichts zu erkennen. Ich bin verunsichert, aber GPS und Tablet versichern übereinstimmend, dass wir noch auf dem richtigen Kurs sind.

In einer Entfernung von 3 sm taucht Vinga dann tatsächlich im Dunst auf, kommt immer näher. Die Konturen werden deutlicher, man erkennt das historische Seezeichen, eine rote Pyramide, sowie den später errichteten Leuchtturm. Der Hafen liegt in einem engen Kanal zwischen der Hauptinsel und dem südlich vorgelagerten Koholmen. Doch selbst auf einer Entfernung von drei Kabellängen kann ich die beiden Schären nicht voneinander unterscheiden. Überall der gleiche Stein. Die Spannung steigt. LAETITIA läuft rechtwinklig auf die hohen Klippen zu und die Pyramide steht schon direkt über ihr, als sich steuerbord querab die Sichtachse des Hafenkanals eröffnet. Nun ist auch der Wellenbrecher zu sehen, dahinter die Masten einiger Yachten, die zuvor von Koholmen verdeckt waren. Als ich die Einfahrt passiere, reißt der bedeckte Himmel auf. Am kleinen Anleger winkt mich der freundliche Hafenmeister gleich zu einem freien Platz und hilft beim Anlegen. Kurz danach steigt die blau-gelbe Gastlandflagge an Steuerbord gen Himmel – ich bin in Schweden!

westliche Hafeneinfahrt von Vinga

Neben mir liegt der dänische Motorsegler, der mich unterwegs überholt hat – mit Motorunterstützung, wie ich später erfahre. Der Skipper und seine Tochter laden mich zum Essen ein. Es gibt Pasta. Die beiden haben den Segelwechsel beobachtet und dachten, meine Fock sei gerissen. Ich berichte von der abenteuerlichen Aktion. Anschließend geht es um unsere Reisepläne. Sven stammt aus der Nähe von Aalborg und ist – wie mein Vater – Pfarrer im Ruhestand. Die Seefahrt hat er erst vor kurzem für sich entdeckt. Seine Tochter Mireille studiert in Kopenhagen Spanisch und Geschichte. Die beiden wollen die Schären erkunden und dann noch ein paar Tage in Göteborg verbringen. Es ist ein nettes Gespräch und ich freue mich über die Gastfreundschaft. Doch dann drängt es mich, das Eiland zu erkunden. Mit dem Fotoapparat im Anschlag erklimme ich die rundgeschliffenen Felsen. Außer den Seezeichen, einer Wetterwarte und einer Radarstation sind ein paar typische rote Holzhäuser mit weißen Fensterrahmen in der Landschaft verteilt. Davor weht jeweils eine Schwedenfahne. Oben am Leuchtturm bin ich ganz allein und schaue mich um: im Westen liegt das Kattegat, im Norden der Schärengarten, im Osten sieht man die Millionenstadt Göteborg, im Süden einen rege genutzten Schifffahrtsweg. Ein überwältigender Anblick. Eine reiche Belohnung für die beschwerliche Überfahrt. Es ist ein Augenblick der Dankbarkeit und des tiefen Glücks. Mir kommt der „Sommerpsalm" des schwedischen Komponisten Waldemar Åhlén in den Sinn. Kurz vor der Abreise haben wir das Lied im Kirchenchor gesungen. Der Text lautet in der freien deutschen Übersetzung: „Ich mische in den Vogelsang die Stimme meiner Lieder. Im Sommerglück sich Gott erweist, schenkt seinen Reichtum wieder. Im Freudenklang ein Lobgesang schwingt weit in alle Räume, mein Wachen, meine Träume."

Am nächsten Morgen komme ich mit Thommy ins Gespräch. Er kümmert sich ehrenamtlich um die Besucher von Vinga. Ihre Zahl ist in diesem Jahr zurückgegangen, weil es keine reguläre Schiffsverbindung mehr gibt. Die Fähre wurde verkauft. Heute kommen nur noch Ausflugsdampfer von den benachbarten

Inseln hier her. Außerdem Segler. Ihre Yachten dürfen bis zu drei aufeinander folgende Nächte hier liegen. Davon machen sie auch wieder Gebrauch. Doch vor ein paar Jahren war das noch anders. Es gab hier eine Plage von Seemöwen. Wie aggressive Bettler belagerten die Vögel den Hafen auf der Lauer nach essbaren Abfällen und hinterließen überall ihren Dreck. Daher setzte man ein Pärchen Minks aus, das sind kleine Bären. Auf der Speiseliste dieses Beutetiers stehen auch Jungvögel. Die Seemöwen wurden so auf ein einträgliches Maß zurückgestutzt. Ohne Einfluss sind die Minks hingegen auf die Population des homo sapiens, die auf Vinga ebenfalls regelmäßigen Schwankungen unterliegt. Im Winter lebt niemand hier – Leuchtturm und Radarstation sind voll automatisiert. Im Sommer wohnen etwa zehn Personen auf der Klippe.

Vinga

47

Am nächsten Morgen bestätigt sich, was bereits im Reiseführer zu lesen war. Auf vielen kleinen Schären herrscht Wassermangel. Dusche? Fehlanzeige. Toilette? Gibt's nur als sogenanntes Trocken-WC, der schwedischen Form von Dixi-Klos. Am Hafen sieht man ein paar Wassertanks. Doch ob sie nach Einstellung der regelmäßigen Fährverbindung noch befüllt werden? Ich mache vor dem Aufbruch noch einen Rundgang. Es geht am Museum für Evert Taube (1890 – 1976) vorbei, der hier seine Jugend verbracht hat. Er gilt neben seinem Vorbild Carl Michael Bellmann als schwedischer Nationaldichter schlechthin. In seinen selbstvertonten Liedern besingt er die schwedische Natur, das Abenteuer in fernen Ländern und das Leben der Seeleute. Damit brachte er es in den 1920er Jahren zu großer Popularität. Ich durchquere einen flachen Wald an der windgeschützten Ostseite. Je weiter man nach Westen kommt, desto mehr dominiert der nackte Fels das Bild. Vegetation gibt es nur noch in den Spalten, in denen sich Sediment und Wasser sammeln. Bis heute sieht man, in welcher Richtung die Gletscher den Stein in der Eiszeit abgeschliffen und ihm dadurch seine abgerundete Form gegeben haben. An der Wetterstation findet man zudem menschliche Einkerbungen: Runen, ein Wappen und eine Kompassrose, daneben die Jahreszahl 1635.

© OpenSeaMap Mitwirkende

Von Vinga nach Göteborg geht es erstmals durch die Schären – und durch ein stark befahrenes Verkehrsgebiet. Ich quere das Hauptfahrwasser, auf dem die großen Frachter und Fähren in die Großstadt ziehen. Über den Südkanal segle ich bis zur Hochbrücke, anschließend bolze ich bei Gegenstrom von ca. 1 sm unter Maschine zur Citymarina Lilla Bommen. Die Einfahrt ist nicht zu verpassen, weil der heute als Museum und Hotel dienende Windjammer „Viking" aus dem Jahr 1906 dort seinen letzten Liegeplatz gefunden hat. Beim Einlaufen muss man sich von seinem Bugspriet gut fernhalten. In unmittelbarer Nachbarschaft befinden sich auch der Museumshafen, die moderne Oper und der „Rote Lippenstift", ein 86m hohes, rot-weiß gestreiftes Hochhaus. Die Uferpromenade hat also etwas zu bieten. Leider beeinträchtigen eine vielbefahrene Straße, eine Großbaustelle und das recht funktional wirkende Einkaufszentrum Nordstan etwas die Hafenatmosphäre.

Oper Göteborg – im Sommer leider Spielpause

Der Hafenmeister winkt mich gleich bis zum innersten Ponton durch. Das ist mir ganz recht, denn die äußeren Plätze sollen dem Schwell des regen Fährverkehrs auf der Göta Älv ausgesetzt sein. Die Versorgung ist gut. Lebensmittel, Bargeld und Ersatzteile im nahen Kaufhaus. Für die Weiterreise durch die Inseln wollen die Reserven wieder gefüllt sein. Auch die Waschmaschine, deren Benutzung im Liegegeld inbegriffen ist, kommt zum Einsatz. Da der Trockner defekt ist, flattern abends Hosen, T-Shirts und Strümpfe an der Reling im Wind.

Göteborg ist mit rund einer Million Einwohnern nach Stockholm die zweitgrößte Stadt Schwedens. Man spürt das urbane Flair. Es ist ein Kontrastprogramm zu den überwiegend dörflichen oder kleinstädtischen Zielen der letzten Wochen. Startpunkt meines Rundgangs ist der Marktplatz. Er ist König Gustav II Adolf gewidmet, der die Stadt 1621 gründete. Auf sein Betreiben kamen Siedler aus England, Frankreich, Holland und Deutschland ins Land. Sie legten den noch heute erkennbaren Grundriss der Altstadt fest: ein Festungswall, ein schachbrettartiges Straßennetz und Kanäle. Ich lasse mich im Strom der Massen treiben. Zum klassizistischen Dom aus gelben Backsteinen und Kupferturm aus dem Jahr 1825, zur Schlemmermeile Salluhållen, zur sakral anmutenden Fischhalle Feskakörka. Vor dem Wall liegen das Große Theater und der Park Trädgårdföreningen mit imposantem Palmenhaus. Über die Prachtstraße Kungsportavenyen geht es zum Götaplatz mit Bibliothek, Kunstmuseum und Stadttheater. An dem Gebäudeensemble hätte der NS-Stararchitekt Albert Speer wohl seine Freude gehabt: groß, pompös, monumental. Ich ziehe lieber weiter in das gemütliche Altstadtviertel Haga, das durch zahlreiche Cafés und kleine Geschäfte geprägt ist.

Dom zu Göteborg

Nach der Rückkehr in den Hafen komme ich mit anderen Yachties ins Gespräch. Einheimische sind hier kaum anzutreffen. Die Segler stammen aus ganz Europa, haben von ihren Reisen viel zu berichten und sind entsprechend mitteilsam. Gegenüber hat ein niederländisches Ehepaar festgemacht. Sie sind die Ostseite Schwedens bis Stockholm hochgesegelt und dann durch den Götakanal gefahren. Jetzt soll es langsam heim gehen. Alle vier Jahre starten sie zu einem mehrere Monate langen Sommertörn. Ob sein Arbeitgeber das denn mitmache, frage ich. Darauf nehme er keine Rücksicht, erwidert er. Wenn's mit dem Urlaub nicht funktioniere, kündige er eben. Mutig, Freiheit ist eine Entscheidung! Meine Nachbarn auf der anderen Seite haben das Korsett beruflicher Verpflichtungen mittlerweile ganz abgelegt. Sinzheim steht als Heimathafen auf dem Heck ihres stählernen Motorkreuzers. Doch dort sind die beiden Rentner schon lange nicht mehr gewesen. Sie leben bereits seit Jahren auf dem Schiff und ziehen damit durch ganz Europa, meistens über Kanäle und Flüsse. Nicht ohne Stolz erklärt mir der Skipper, dass seine Frau und er die meldebehördliche Bestätigung besäßen, ohne festen Wohnsitz zu sein – amtlich anerkannte Seenomaden also. Doch dann verstummen alle Gespräche. Eine gigantische Motoryacht aus Hamburg läuft ein. Über zwanzig Meter, goldfarbig, getönte Scheiben, hohe Aufbauten, zwei Radarglocken. „Die reichen Deutschen …", lästert der Holländer gleich augenzwinkernd. Es ist vollkommen aussichtslos, mit so einem Geschoss an der Mooring-Leine festzumachen. Eine hübsche Blondine mit großer Oberweite und kurzem Rock läuft hektisch mit einem Fender hin und her. Die Eigner von Schiffen, die exponiert an der Boxengasse liegen, schauen besorgt drein. In den Gesichtern der übrigen Segler sieht man hingegen Neugier, ja Sensationslust und Vorfreude auf ein gelungenes Hafenkino. Doch sie werden enttäuscht. Der Hamburger hat sich offensichtlich einen ganzen Steg in bester Lage reservieren lassen, um daran längsseits zu gehen. Es dauert zwar ein Weilchen, aber dann hat er es geschafft. Ganz ohne Schaden. Respekt!

Den Tag über war es bedeckt, heiß und schwül. Abends entlädt sich ein Gewitter und bringt etwas Abkühlung. Es beginnt zu regnen. Korrigiere: zu kübeln. Es wird der letzte Niederschlag für mehrere Wochen werden.

Citymarina Lilla Bommen mit SS Viking und Rotem Lippenstift

Was vor mir liegt, ist rückblickend der wohl schönste Teil der Reise: die westschwedischen Schären. Die Küstenform ist landschaftlich reizvoll und navigatorisch anspruchsvoll. Da der Wind aus Nordwest steht, komme ich am ersten Tag nur bis Öckerö. Hier wird schnell deutlich: Schäre ist nicht gleich Schäre. Im Gegensatz zu Vinga ist Öckerö voll urbanisiert, ein fast ganz normales Vorstadtviertel von Göteborg. Es gibt asphaltierte Straßen mit Autoverkehr, dichte Wohnbesiedelung und Geschäfte. Nur vereinzelt sieht man noch den nackten Fels. Dem Vernehmen nach pendeln 60% der Einwohner täglich mit der Fähre aufs Festland. Mit dem Roller fahre ich über eine Brücke auf die Nachbarinsel Hönö. Auch sie ist überwiegend bebaut. Die echte Schärenidylle zeigt sich dann tags drauf. Schwacher Westwind schiebt LAETITIA auf der empfohlenen Route durch den Källö- und Sälö-Fjord nordwärts. Anfangs ist es gar nicht so einfach, sich im Gewirr der einzelnen Schären zu orientieren. An der Einfahrt zum Albrechtssundkanal berge ich die Segel. Unter Maschine geht es jetzt im Gänsemarsch mit anderen Yachten durch die schmale Rinne. Links und rechts steigt der Stein aus dem Wasser empor und ist zum Fassen nahe. Nach einer leichten Biegung eröffnet sich das Panorama auf Marstand mit der Festung Carlsten.

Man hatte mich vor Marstrand gewarnt. Es sei überfüllt, laut, teuer. Alle Beschreibungen trafen zu: Der Ort ist nicht nur ein beliebtes Ziel von Wassersportlern und Austragungsort internationaler Regatten. Es ist zudem Anziehungspunkt für zahlreiche Landtouristen, die sich für umgerechnet rund 30 € (!) mit der Fähre vom gerade einmal 300 m entfernten Koön übersetzen lassen können, der letzten Insel mit Straßenanschluss. Trotzdem bereue ich den Besuch nicht. Es hat schon seinen guten Grund, dass so viele Menschen hier sind. Marstrand ist nun mal schön! Ich laufe durch den Badeort mit mondänem Flair. Viele bunte Holzhäuser mit Balkonen und geschnitzten Fenstereinfassungen. Ein besonders prunkvolles Gebäude diente König Oskar II im 19. Jahrhundert als Sommerresidenz. Am Dorfplatz, den ein gewaltiger Baum beschattet, geht es zur Festung Carlsten hinauf, einem wuchtigen Bollwerk. Von dort aus führt ein Naturstieg rund um die Schäre. Sie wird nach Westen hin immer karger und zerklüfteter. Auf dem Weg komme ich an einer Nacktbadestelle vorbei. Sie ist mit Sichtschutzzäunen umgeben und hat zwei getrennte Eingänge – für Männlein und Weiblein. Hier herrscht noch Anstand und Sitte, denke ich schmunzelnd.

Marstand voraus!

Navigation in den Schären

Das Revier ist durch die Vielzahl an Steinen geprägt, die sich unter, auf und über der Wasserlinie befinden. Um ohne Grundberührung zu bleiben, ist die ständige Standortbestimmung wichtig. In elektronischen Karten übernimmt dies der Plotter oder das Tablet. Probleme kann es bei der Nutzung der elektronischen Variante kommen, wenn nicht auf den kleinsten verfügbaren Maßstab herunter gezoomt wird. Um die

Orientierung auf der Papierkarte zu gewährleisten, hakt man am besten jede passierte Tonne mit dem Bleistift ab. Eine Variante für Regenwetter ist ein Klebepfeil. Um ihn herzustellen, trennt man etwas Kreppband ab und rollt es wie eine Zahnpastatube zusammen, sodass ein Griff entsteht. In das andere Ende des Tapes wird mit der Schere eine Spitze hinein geschnitten. Dieser wasserbeständige „Klebezettel" kann je nach Standort des Schiffes auf der Plastikhülle der Karte versetzt werden.

Eine Besonderheit bei der Orientierung in den Schären sind die reviertypischen Seezeichen. Das können schlichte farbliche Markierungen auf dem Fels sein, auch Steinhaufen (sog. Kummel) oder Stangen. In den Seekarten sind zudem die empfohlenen Fahrwasser eingetragen. Wer sie nutzt, kann auf eine ausreichende Wassertiefe vertrauen. Für die übrigen Bereiche gilt das nicht. Selbst nach den hochwertigen Karten des schwedischen hydrographischen Dienstes ist man nur im weißen Bereich jenseits der 3m-Linie vor Grundberührungen sicher. Auch wenn die inneren Schärenfahrwasser infolge der vielen Untiefen Gefahren bergen, haben sie den Vorteil, dass sich dort keine Windsee aufbauen kann.

Beim Auslaufen kann ich den Leuchtturm Barrlind, den nächsten Wegepunkt, nicht erkennen und halte viel zu weit nach West. Als ich den Fehler bemerke, bin ich bereits sehr nah an den Truskären. Zu allem Überfluss brist der jetzt Wind auf. Die Genoa muss weg, doch die Rollvorrichtung blockiert. Nach ein paar aufregenden Minuten ist das Problem behoben und LAETITIA segelt unter dem Groß aus der Gefahrenzone heraus. Platt vor dem Laken geht es zunächst über das Außenfahrwasser an der Küste Tjörns nordwärts, ab den Grönskären über das Innenfahrwasser. Landschaftlich ist es deutlich reizvoller, aber leider auch stark befahren. Motorboote erzeugen viel Schwell, der einem das ansonsten perfekte Revier jedenfalls in den Sommermonaten etwas verleiden kann.

Mollösund gleitet vorbei. Über den Häusern sieht man die restaurierte Mühle.

Mollösund

Kurz danach folgt der zweite Navigationsfehler, ich verpasse im Gewirr der Felsen die Abfahrt nach Karringön, dem eigentlichen Tagesziel. Doch das ist nicht schlimm. Bei dem schönen Wetter geht's einfach weiter. Im vollkommen überfüllten Gullholmen bekomme ich schließlich sogar noch einen Platz in der Box, auch wenn das Anlegen bei starkem Querstrom schwierig ist und mir den ersten Kratzer der Saison einbringt. Der Ort ist ein Juwel. Am Ufer steht dicht an dicht, wovon jeder Schwede träumt: en liten röd stuga med vita knutar – kleine, rote Sommerhäuser mit weißen Kanten. Was heute teure Ferienwohnungen sind, waren einst Fischerhütten. Gullholmen galt im 16. bis 18. Jahrhundert als Hotspot des Heringsfangs. Da die Bestände ergiebig waren, setzte ein regelrechter Rausch ein. Der Fisch wurde massenhaft angelandet, veredelt und abtransportiert. Die Insulaner hatten dadurch ein gutes Auskommen, führten aber auch eine enorme Umweltbelastungen herbei. Die Abfallprodukte wurden einfach ins Wasser entsorgt. Ihr Gestank war bei ablandigem Wind noch weit draußen auf See zu riechen. Im 19. Jahrhundert ging die Nachfrage nach Hering als Lebensmittel zurück. Man ging dazu über, daraus Öl für Maschinen zu machen. Heute spielt die Fischerei keine große Bedeutung mehr in Gullholmen. Ein Museum erinnert aber noch an die Vergangenheit des Ortes. Dass die Einwohner jetzt vom Tourismus leben, wird mir deutlich, als ich für mein 7-Meter-Boot ein Hafengeld von stolzen 37 € löhnen muss – der höchste Preis des ganzen Törns.

Ich laufe über die langgezogene Schäre. Die Häuser stehen ganz dicht beieinander, nur ein schmaler Fußweg erschließt die Siedlung. Sie hat sich mittlerweile auf die benachbarte Insel Härmanö ausgebreitet, mit der sie über eine Brücke verbunden ist. Ich steige dort zum Lotsenausguck hinauf und genieße den Blick auf die Umgebung.

Blick vom Lotsenausguck auf Gullholmen

Aus Begeisterung für die Außenschären überlege ich kurzzeitig, die Umrundung von Orust durch einen Abstecher nach Lysekil oder Fiskebäckskil zu erweitern. Sie liegen am weiter nördlich befindlichen Gullmarnfjord, von dort käme man durch den engen Geteviksund und den Hålleströmmen in die Innenschären. Doch ein Tief ist im Anzug. Sogar der ansonsten notorisch blaue Himmel hat sich zugezogen. Die Wetterfrösche sagen 4 bis 5 Windstärken aus SW voraus. Deshalb will ich direkt in die geschützten Gewässer vordringen. Das bedeutet einen vorläufigen Abschied von den überfüllten Außenschären, wo sich das Sommerleben abspielt. Landeinwärts wird es ruhiger und ursprünglicher. Bereits nach kurzer Zeit merkt man, wie sich der Charakter der Landschaft verändert. Während die Schären an der Küste relativ flach und karg sind, nehmen sie zum Festland hin an Höhe zu und sind überwiegend bewaldet. Kurz hinter Ellös, dem Sitz der renommierten Yachtwerft Hallberg-Rassy, geht es zwischen zwei hoch aufragenden Felsen in ein enges Fahrwasser. Der ohnehin frische achterliche Wind wird hier wie in einer Düse gebündelt. LAETITIA beschleunigt auf 7 kn – erlaubt wären 5 kn. Mit ungebremster Geschwindigkeit prescht sie auch durch den Björnsund, eine kanalartige Passage mit beidseitigen Uferbefestigungen aus Stein und Beton, die nicht breiter ist als eine Bundesstraße. Meine Gefühlslage: irgendwo zwischen Begeisterung und Sorge, denn ich könnte bei Bedarf weder stoppen noch einem Hindernis ausweichen. Im geräumigen Koljöfjord obsiegt dann die Begeisterung, zumal ich ein H-Boot locker abhängen kann. Etwas weiter bleibt Henån an steuerbord liegen, das ist die Heimat des Yachtbauers Najad. Es ist schon bemerkenswert, dass mit Hallberg-Rassy und Najad gleich zwei renommierte Werften auf so engem Raum zu finden sind. Mit dem Niedergang des Fischfangs hat man sich auf der Insel Orust der alten Bootsbauertradition erinnert und im Wassersport und -tourismus ein neues Auskommen gefunden.

Wer die Region Bohuslän mit dem Segelboot bereist, sollte mindestens eine Nacht an einer Schäre verbracht haben. Ich habe ein bisschen Respekt davor, LAETITIA dort festzumachen. Die Prozedur wird im Revierführer ausführlich beschrieben. Sie ist umständlich und soll bis zu einer Stunde in Anspruch nehmen können (siehe Kasten). Deshalb ist mir daran gelegen, zumindest beim ersten Mal einen Platz mit vorinstallierten Schärennägeln anzulaufen. Und mit einem Trocken-WC, denn LAETITIA hat keine sanitären Einrichtungen an Bord. Auf der Insel Kalvön bietet sich eine derartige Möglichkeit. Vom Hauptfahrwasser aus sieht man einen Plankenweg am steil abfallenden Fels; dort liegen bereits zwei Yachten. Ich berge spontan die Segel und fahre unter Motor ganz langsam im rechten Winkel auf den Steg zu, fiere vier Bootslängen davor den bereits vorbereiteten Heckanker in die Tiefe und übergebe die Bugleinen dann den hilfsbereit herbeieilenden Schweden. Geht doch, Bilderbuchmanöver! Dauer: 2 min. Das Eiland ist kaum besiedelt und Naturreservat. Ich wandere durch den dichten Nadelwald. An der Westseite führt eine Fußgängerbrücke hinüber zum Festland. Mir begegnen ein paar wilde Pferde. Ansonsten bin ich allein. Auch die anderen beiden Yachten sind weg, als ich zum Schiff zurückkehre.

Naturreservat Kalvön - allein an der Schäre

Festmachen am Felsen

Wer an einer Schäre festmachen will, sucht sich hierfür eine geeignete Stelle. Dabei ist zu beachten, dass kleine Felseilande nicht immer Schutz bieten. Wind und Welle folgen durch Ablenkung dem Küstenverlauf, sodass es auch in Lee unruhig sein kann. Auch wenn sich die meisten Schären in Privatbesitz befinden, darf man wegen des Jedermannsrechts daran festmachen, soweit die Bewohner hierdurch nicht gestört werden (siehe Infokasten "Allemansrätten" weiter unten). Offenes Feuer ist verboten. Weitergehende Beschränkungen können sich in Natur- und Vogelschutzgebieten vergeben, die in der Seekarte verzeichnet sind.

Zum Festmachen muss man sich aus dem Tiefwasserbereich vorsichtig an den Fels herantasten. Zu diesem Zweck begibt sich ein Mitglied der Mannschaft auf das Vordeck und hält Ausguck. So geht es zunächst nur zu Testzwecken bis an den Fels. Er verläuft nach einer Faustformel unter Wasser genau so weiter wie darüber. Erweist sich die Stelle als geeignet, setzt man auf demselben Wege wieder zurück. Erst im zweiten Anlauf wird der Heckanker eingefahren. Eine lange Leine und ein Kettenvorlauf begünstigen einen zuverlässigen Halt. Viele Schweden haben zu diesem Zweck ein Gurtband, das sich schnell wieder aufrollen lässt. Auf den letzten Metern vor dem Felsen wird dass das Boot über die Heckleine gestoppt. Dann steigt ein Mitglied der Mannschaft über und befestigt die Leinen an einen Baum, einem vorinstallierten Ring oder einem möglichst tief einzuschlagenden Schärenanker. Dies geschieht auf Slip, damit sich die Vorleine im Notfall möglichst schnell lösen lässt. Um von Bord steigen zu können, ist eine Leiter zweckmäßig oder gar unabdingbar. Wenn sich die Felsformation hierfür eignet, kann man auch längsseits gehen. Aber Vorsicht bei Steinvorsprüngen, die mit Seepocken besiedelt sind! Sie können ärgerliche Kratzer im Unterwasserschiff hinterlassen. In jedem Fall müssen reichlich Fender, gegebenenfalls auch ein Fenderbrett ausgebracht werden.

Am einfachsten ist es, die bereits vorbereiteten Schärenplätze zu nutzen. Dort findet man reinen Grund, in dem der Anker zuverlässig hält, und muss keine Nägel einschlagen. Ein gute Übersicht findet man im Buch „Tre veckor i Bohuslän" (Drei Wochen in Bohuslän), einem mehrsprachigen Luftbildatlas. Es lässt sich über das Internet auch in Deutschland beziehen. Die Anschaffung lohnt sich bereits nach zwei bis drei Tagen an einer Schäre, weil man so die im Vergleich zu Deutschland recht hohen Liegegelder in den Häfen einspart.

Am nächsten Tag erreiche bei Högholmen den nördlichsten Wendepunkt meiner Reise, direkt unter der 26,5m hohen Brücke zwischen Orust und dem Festland. Position 58° 18,4' N 11° 41,9' E. Zur Orientierung: Das liegt in etwa auf einer Linie mit der Nordspitze Schottlands, der Südspitze Norwegens und der Republik Estland. Von jetzt an heißt der Generalkurs also Süd. Und das werde ich in den nächsten Wochen auch zu spüren bekommen. Schon bei meiner Ankunft in Schweden sagte man mir, dass die Hauptwindrichtung hier oben im August SW sei. Bis zum heutigen Etappenziel in Lyckorna kann ich noch weitgehend anliegen. Aber in den nächsten Tagen werde ich auch häufig kreuzen oder motoren müssen.

Lyckorna ist ein vornehmer Badeort mit mondänen Holzhäusern. Die Kirche steht auf einer Anhöhe über dem Yachthafen. Sie ist von einem Friedhof umgeben, auf dem Bautasteine zu sehen sind. Das sind lange, flache Findlinge, die man in der Bronze- und Eisenzeit an Gräbern oder Kultstätten aufgerichtet hat. Sie haben in der Regel keine Inschrift. Am Uferweg geht es zu Fuß weiter zum 1,5 km entfernten Ljungskile, um den Proviant aufzufüllen.

Kirche von Lyckorna

Wind aus SW – das ist genau die Richtung, in die ich fahren muss. Auf Kreuzkurs geht es an der Ostküste von Orust entlang. Amwindkurse gehören nicht zu LAETITIAs Stärken, sie hat einen großen Wendewinkel. Trotzdem holt ein kleiner Schärenkreuzer nur mühsam auf. Kurz vor Svanesund hat er endlich meine Höhe erreicht, grüßt siegessicher und fährt dann platt vor dem Laken in entgegen gesetzter Richtung wieder davon. Während es bisher ganz gut lief, lässt der Wind im Svanesund schlagartig nach. Außerdem setzt in der Engstelle etwas Strom gegenan. LAETITIA kommt nicht mehr voran. An sich kein Problem, doch ich muss die Fährlinie räumen. Es entsteht Hektik. Als ich den Außenborder runterklappen will, erfasst mich die Welle einer vorbeifahrenden Motoryacht. Der Quirl gleitet mir aus der Hand und taucht unsanft ein. Durch den Schlag hat sich irgendetwas blockiert, der Gang lässt nicht mehr einlegen, das Starterseil nicht ziehen. Da die Fähre ablegt, bleibt nichts anderes übrig, als umzudrehen und die mühsam aufgekreuzte Strecke mit dem Strom und dem Rest des Windes zurückzufahren. Zum Glück ist der Hafen von Svanesund nicht weit entfernt. Das Anlegemanöver unter Segeln beschert mir den nächsten Kratzer in der Bordwand. Die Stimmung wird nicht gerade besser, als meine unbeholfenen Reparaturversuche erwartungsgemäß scheitern. Wie soll es jetzt weitergehen? Der Außenborder ist zwar nur ein Hilfsmotor, aber in vielen Fällen nahezu unverzichtbar – in den Häfen, bei Flaute oder bei Gegenwind in engen Fahrwassern. Ich versuche erfolglos, eine Werkstatt in der Umgebung zu finden. Eine Werft auf der nahegelegenen Insel Askerön hat dicht gemacht. Leichte Verzweiflung kommt auf. Dann tritt ein Schwede an mich heran, der mir bereits beim Anlegen behilflich war. Er ist einer dieser Motorbootfahrer, die in den letzten Tagen durch viel Krach und Wellenschlag meine Frustrationstoleranz häufiger auf die Probe gestellt haben. Und die für die Havarie zumindest mitverantwortlich sind. Als ich ihm mein Problem schildere, ermittelt der Mann in der feudalen Kabine seiner Yacht am Tablet die Fachhändler im näheren Umkreis und holt telefonische Auskünfte ein. Doch die meisten Betriebe haben Sommerferien oder können nicht helfen. Ohne mir viel Hoffnung zu machen, verspricht er schließlich, sich die Maschine anzusehen. Nach 10 min läuft sie wieder, nur ein Bügel hatte sich verhakt. Erleichterung macht sich breit. Um mich zu erkenntlich zu zeigen, greife ich in die Backskiste mit den geistigen Getränken. Wegen der hohen Preise genießen sie in Schweden besondere Wertschätzung. Mein Vorrat besteht allerdings nur aus Hugo. Ich mag das spritzige Mischgetränk aus Wein, Holundersaft und Minze, auch wenn es eher etwas für Frauen ist. Gerade im Sommer ist es aber gut gekühlt eine Erfrischung und willkommene Abrundung zu leichten Speisen. Doch ob sich mein Helfer, ein richtiger Kerl, über den süßen Fusel freuen wird? Als ich ihm die Flasche in die Hand drücke, unterzieht er sie zunächst einem kritischen Blick, doch dann hellt sich sein Gesicht auf. "Hugo? That is my name!" Immerhin. Vielleicht kein Volltreffer, aber auch kein totaler Fehlgriff. Erleichtert lege ich ab und nehme mir vor, nie mehr etwas gegen schwedische Motorbootfahrer zu sagen. Und von dieser Stelle noch einmal: „Tusen tack, Hugo!" Mit Hilfe des wieder funktionsfähigen Außenborders gelange ich noch ins 3,5 sm entfernte Stora Askerön. Ein abgeschiedener kleiner Hafen mit wenig Infrastruktur, aber guter Kameradschaft. Als ich ankomme, stehen mehrere Helfer bereit, um meine Leinen zu übernehmen. In der Box nebenan liegt ein Paar aus Düsseldorf. Lange Zeit sei Accumersiel ihr Heimathafen gewesen. Aber nun hätten sie ihre Liebe zu Schweden entdeckt und seien jedes Jahr in den Schären. Ich frage mich, wie man die lange An- und Rückreise von und nach Kiel in einem normalen Urlaub bewältigen kann, wenn man den überwiegenden Anteil der Zeit hier oben verbringen will. Das geht wohl nur mit Gewaltschlägen.

Am nächsten Tag geht es auf der Kreuz weiter südwärts. Im Hakefjord begegnen mir mehrere Schweinswale. Es ist aussichtslos, die Tiere vor die Linse zu bekommen. So unerwartet wie sie auftauchen, so schnell sind sie auch wieder weg. Auf dem Weg nach Nördön liegt die lange Insel Älgön quer im Weg. Jetzt besteht die Wahl: Rechts herum? Dann hat man weniger Abdeckung und tiefes Wasser. Oder links herum? Dann passiert man den spektakulären Västrasund zwischen Älgön und Brattön mit dem 130m aufragenden Berg Blåkullen, der höchsten Erhebung in Bohuslän. Am Gründonnerstag sollen sich dort angeblich Hexen versammeln. Weil der Wind nachlässt, entscheide ich mich für die exponiertere westliche Passage. Möglicherweise ein Fehler, denn als ich bis zu Spitze aufgekreuzt bin, herrscht Flaute, so dass ich trotzdem auf den Quirl angewiesen bin.

Nördön ist ein großer und gut ausgestatteter Hafen, der für mich günstig auf dem Weg liegt. Ansonsten ist er aber reizlos, die stark frequentierte Reichsstraße 168 führt unmittelbar daran vorbei. Nach meinem Revierführer ist es „kaum mehr als ein großer Bootsparkplatz zum Übernachten." Dem ist nichts hinzuzufügen.

Nördön - mit dem Blåkullen im Hintergrund

Auf dem Rückweg wollte ich zur Abwechslung östlich an der Insel Björkö vorbei. Doch die stark befahrenen Innenfahrwasser und die Ebbe in der Kühlbox sprechen dafür, den an der Westseite gelegenen Haupthafen zu wählen, weil dort gute Versorgungsmöglichkeiten bestehen. Hier könnte man seinen Liegeplatz sogar über eine App reservieren. Doch auch ohne die Segnungen der modernen Technik finde ich schließlich noch einen freien Steg. Auf Björkö kann ich Treibstoff bunkern. Auch ein Lebensmittelgeschäft befindet sich in fußläufiger Entfernung. Die andere Seite des großen Hafenbeckens wird von einem großen, weiß gekalkten und beinahe fensterlosem Wirtschaftsgebäude dominiert. Es ist offensichtlich das Kühlhaus der örtlichen Fischerei-genossenschaft. Am Kai davor liegen ein paar Trawler. Im Abendlicht steige ich zum Aussichtsplatz hinauf. Auch wenn hier oben alles ruhig ist, spürt man die Nähe zu Göteborg. Im Süden verläuft der vielbefahrene Tiefwasserweg „North Channel" in die Großstadt. Auf der anderen Seite des Sundes liegen die mit einer Straßenbrücke verbundenen Schären Halsö, Öckerö (meiner Station auf der Hinfahrt), Hönö und

Fötö. Die Anbindung an das Festland erfolgt über eine eng getaktete Fährverbindung mit mehreren gelb-braunen Schiffen.

Der letzte Tag in den Schären ist durch Schwachwind geprägt – immerhin kommt er aus NW, also von achtern. Bei strahlendem Sonnenschein durchquere ich den Klippenarchipel südlich von Göteborg. Die Reise soll durch die Innenfahrwasser gehen, die ich zuletzt häufig wegen des Schwells der Motorboote gemieden habe. Anfangs geht es noch halbwegs flott voran. Am Eingang zum South Channel schließt sich in gewisser Weise die Rundreise durch die Schären, hier bin ich vor rund zehn Tagen erstmalig in das Revier hineingefahren. Durch den besonders engen Stårholm- und Vargösund geht es mit 2,5 kn weiter, es weht nur noch ein laues Lüftchen. Doch das macht nichts, denn es gibt viel zu sehen. Die runden Felsbuckel ziehen rechts und links langsam an mir vorbei. Hinter ein paar Steinen liegen Yachten an einem beliebten Ankerplatz. Im Abstand von einer halben Meile passiere ich Lönnsdalshuvud, eine Siedlung auf Brannö. Auf der gegenüber liegenden Seite befindet sich offenbar ein kleiner Militärstützpunkt, der bis auf die Schilder mit dem strikten Anlegeverbot aber recht friedlich wirkt. Ansonsten bin ich hier allein. Erst im Källösund nördlich von Styrsö wird es lebendig. Es wimmelt von Fähren und Yachten. Mehrfach denke ich daran, den Motor einzusetzen, um bei dem Geschaukel voran zu kommen. Doch irgendwie geht es dann auch ohne den Quirl und östlich von Donsö und Vrångö gelange ich nach Kungsö. Die Insel gehört zu den südlichsten Zipfeln des Schärengartens. Dort gibt es weder Hafen noch Siedlung, aber eine gut geschützte, flach auslaufende sandige Bucht. Kein Wunder, dass ich nicht allein bin. Zig Boote liegen hier am Fels oder vor Anker. Immerhin sind mir die anderen Besucher behilflich, so dass auch das zweite Anlegen an der Schäre komplikationslos verläuft. Nachdem eine monströse Feuerqualle vorbeigetrieben ist, springe ich ins Wasser. Eine willkommene Abkühlung, denn das Thermometer zeigt 28,7° C im Schatten.

Kungsö

<u>Allemansrätten</u>

In Schweden gewährt das traditionelle Jedermannsrecht (Allemansrätten) einen Zugang zur freien Natur. Die moderne Gesetzgebung hat seinen Umfang mittlerweile in einzelnen Punkten konkretisiert und eingeschränkt. Prinzipiell darf jeder Landschaft und Gewässer frei betreten oder befahren. Das gilt an sich auch auf privaten Flächen. Allerdings sind Störungen der Eigentümer zu vermeiden. Für Wassersportler bedeutet das: Nicht-öffentliche Anlegestellen oder Strände im Nahbereich eines Wohnhauses sind tabu. Weitergehende Nutzungsbeschränkungen gibt es in militärischen Sperrgebieten und Naturschutzreservaten. Am besten macht man dort fest, wo bereits Schärenhaken eingetrieben sind. Feuer direkt auf den Felsen ist verboten, weil die Hitze zu Abplatzungen führen soll. Außerdem darf man natürlich keinen Abfall liegen lassen. Hingegen ist Angeln an der Meeresküste und in den großen Seen (u.a. Mälaren, Vänern, Vättern) in der Regel erlaubt, solange keine Netze eingesetzt werden.

Nach dem Bad klettere ich auf die höchste Kuppe, um die Aussicht zu genießen. Die Schärenlandschaft präsentiert sich hier noch einmal in ihrer ganzen Pracht. In der Ferne sieht man Vinga, meinen ersten schwedischen Hafen. Ein ähnlicher Vorposten ist Yttre Tistlarna, den ich von Læsø nur deshalb nicht angesteuert habe, weil der Naturhafen bei dem damals herrschenden Wetterverhältnissen zu wenig Schutz geboten hätte. Auch Tistlarna ist gut zu erkennen. Es kommt ein bisschen Abschiedsstimmung auf. Denn ab morgen geht es an einer ganz normalen Ostseeküste weiter. Ich bin aber auch glücklich, dass ich diese entlegene Landschaft kennen lernen durfte. Sie wird mir dauerhaft in Erinnerung bleiben.

Südlich des Schärengartens ist die westschwedische Küste wenig attraktiv. Die Häfen liegen recht weit auseinander, es ist eine Leeküste ohne große Höhepunkte. Ich will daher nur bis Varberg segeln und dann über Anholt wieder nach Jütland, an das dänische Festland. Schrittweise geht es nach Süden. Ab Lerkil beschert mir der Wind Frühschichten, weil er nachmittags einschlafen soll. Die Hälfte der Strecke nach Buahamn kann ich bei ablandigem Wind noch schnell und komfortabel zurücklegen. Beim Leuchtturm Lillegrund flappen die Segel dann in der Dünung, das Log zeigt nur noch 1,5 bis 2,5 kn an. In der Hoffnung auf Besserung warte ich eine halbe Stunde und werfe dann missmutig die Maschine an. Kurz vorm Hafen frischt der Wind aus der Gegenrichtung auf und beschert mir eine 45minütige Kaltwasserdusche. Sailing means tearing 50 dollar bills under a cold shower. Kaum habe ich festgemacht, bricht ein Gewitter mit fiesen Fallböen los. Das frühe Aufstehen hat sich also gelohnt, sonst hätte es mich auf offener See erwischt.

Am nächsten Tag folgt ein ähnlicher Zeitplan. Da die Wetterfrösche für nachmittags wieder Flaute prognostizieren, geht es bereits um 7.50 Uhr los. Vier Stunden später bin ich in Varberg, diesmal ist der Außenborder immerhin nur zum Ein- und Ausparken in Betrieb. Die 35.000 Einwohner große Stadt war Anfang des 20. Jahrhunderts ein beliebter Badeort. Das sieht man auch heute noch. Direkt neben dem Hafen steht ein feudales Kaltbadehaus auf Pfählen im Meer. Es bleibt eine hübsche Kulisse, auch wenn sich die Badegäste heute eher auf dem Strand davor tummeln. In der Stadt gibt es auch ein Warmbadehaus und einen gepflegten Kurgarten im Societetpark.

Doch Varbergs Geschichte reicht weiter in die Vergangenheit. Gegen Ende des 13. Jahrhundert erbaute man hier auf einer Anhöhe eine Festung. Sie hat der Stadt vermutlich ihren Namen eingetragen (Varberg = Wehrberg). Im Laufe der Jahrhunderte wechselten die Besitzer. Nach der Eroberung durch Waldemar

IV. im Jahr 1366 war die Burg dänisch. Trotz militärischer Zwischenerfolge fiel die Region Halland erst durch den Frieden von Brømsebro im Jahr 1645 an Schweden zurück. Die Anlage ist heute frei zugänglich. Von oben hat man einen hervorragenden Blick auf die Umgebung. Abends mache ich mit dem Roller noch einen Ausflug auf der modernen Seepromenade. Sie führt bis zur Strandbucht Apelviken.

Kaltbadehaus in Varberg

Es herrscht Wind aus SE. Eigentlich ideale Voraussetzungen für die Fahrt nach Anholt – nach ursprünglicher Planung soll es die längste Tagesreise in diesem Sommer werden. Problem: Die Prognosen sind widersprüchlich. Nach manchen Modellen steht der Wind durch, nach anderen schläft er gegen Mittag ein. Eine Flaute auf der langen Überfahrt hieße, stundenlag unter Motor zu fahren – für mich indiskutabel. Am morgigen Montag wäre der Wind hingegen sicher, nur fände die Weiterfahrt nach

Grenå am Dienstag dann unter ungünstigeren Bedingungen statt. Schwierige Entscheidung also. Früher wäre es einfach gewesen. Im Seewetterbericht hätte es lapidar geheißen: Kattegat, SE 4. Eine klare Ansage für ein Gebiet, das sich von Göteborg ganz im Norden bis Seelands Odde im Süden über knapp 200 km erstreckt, und für einen Zeitraum von 24 h. Doch heutzutage ist die Welt komplizierter. Das Internet bietet eine Fülle von Informationen. Es gibt individuelle Wetterprognosen für alle wichtigen Orte (Häfen, Leuchttürme, Kaps), die das meteorologische Geschehen im Stundentakt darstellen. Doch damit nicht genug: Institute rechnen nach unterschiedlichen Algorithmen. GFS 22 km, das kostenlose Basismodell des US-Wetterdienstes NOAA ist am verbreitetsten, aber nicht am besten. Die Auflösung ist vergleichsweise gering, es gibt Qualitätsprobleme bei der Vorhersage von Bewölkung und Niederschlag. Der Deutsche Wetterdienst DWD hat mit ICON-EU 6 km eines der modernsten Systeme entwickelt, das für Europa recht gute Ergebnisse liefert. Weitere Anbieter sind zum Beispiel das European Centre for Medium-Range Weather Forcast (ECMWF 9km) und das Schweizer Meteoblue (NEMS 4-12 km). Bei skandinavischen Seglern genießt der norwegische Wetterdienst www.yr.no große Wertschätzung, der u.a. mit dem System HIRLAM arbeitet. Die Vielfalt ist verwirrend. Ich überlege lange und lege schließlich einen Hafentag ein, den ersten seit Göteborg. Es wird ein Tag der Begegnung mit drei anderen Einhandseglern.

Von Varberg aus gibt es zwei empfohlene Routen zur Insel im Kattegat – entweder um das Ost- oder das Nordwestriff. Die Entfernung beträgt jeweils 40 sm. Bei einer Durchschnittsgeschwindigkeit von 4 kn bedeutet das 10 h Fahrt. Für ein 7m-Boot und einen Einhandsegler ist das schon eine kleine Herausforderung. Ich suche deshalb auf der Seekarte nach einer Abkürzung durch die Riffe. Im Nordwestriff werde ich fündig, dort gibt es eine 3,20 m tiefe Passage namens Slussen. In meiner 20 Jahre alten Papierkarte ist an dieser Stelle sogar ein Wegepunkt eingezeichnet. Sie enthält außerdem den Vermerk: "Fischen und ankern verboten". Vermutlich ist hier mit Munitionsresten zu rechnen, denn Anholt war im Zweiten Weltkrieg stark umkämpft und später von deutschen Truppen besetzt. In der topaktuellen elektronischen Karte ist an der Stelle nur noch ein Hinweis in dänischer Sprache. Es gelingt mir nur teilweise, ihn mithilfe des Internets zu übersetzen. Mich macht aber vor allem stutzig, dass die zumindest für Sportboote so wichtige Abkürzung nicht markiert ist. Daher suche ich im Hafen nach einem dänischen Segler, um ihn nach Rat zu fragen. Auf einer 40-Fuss-Yacht mit dem Danebrog am Heck steht ein Mann, der mich an Professor Bienlein erinnert, einen vergeistigten Tüftler aus der Comic-Serie Tim & Struppi. Ich muss ihn dreimal anpreien, bis er auf mich aufmerksam wird. Doch dann ist er sehr hilfsbereit und lädt mich ein, an Bord zu kommen. Es stellt sich heraus, dass sich der Vermerk in der Karte in den letzten Jahren kaum verändert hat. Er lautet jetzt: "Fischen, Ankern und Arbeiten am Meeresboden nicht empfohlen". Kein Wunder übrigens, dass der Online-Übersetzer versagt hat. Der Karteneintrag enthielt einen Tippfehler. Immerhin spricht nichts gegen eine Passage von Slussen, weil ich dort ja ganz bestimmt keine der drei Tätigkeiten ausüben möchte. Sauber, durch die sorgsame Recherche hat sich die Reise um 6 sm verringert! Ich will mich bereits zufrieden trollen, als Prof. Bienlein noch auf ein anderes Problem hinweist: Der Hafen von Anholt sei wegen Überfüllung gesperrt. Er verfüge über ca. 250 Liegeplätze, derzeit lägen dort jedoch 600 Yachten! Ich solle mich unbedingt über die Entwicklung informieren. Abends rufe ich beim Hafenmeister auf Anholt an. Er gibt Entwarnung: Ich solle nur kommen, 200 Yachten hätten im Laufe des Tages wieder abgelegt. Sehr beruhigend, denke ich mir, dann ist der Hafen ja nur noch mit 150 Schiffen überbelegt.

Auch die „Stena Nautica" will nach Grenå

Auf dem Weg in die Stadt begegne ich dann Werner, dem zweiten Einhandsegler. Er spricht mich gleich auf deutsch an. Sieht man mir an, dass ich ein Teutone bin? Auch Werner will über das Kattegat, vorher aber noch seine Treibstoffvorräte aufstocken und schwedische Pfandflaschen in Kronen rekonvertieren. Obwohl ich noch ausreichend Benzin habe, überredet er mich, ihn zur nächsten Tankstelle zu begleiten. Auf dem Hinweg ist der Kanister immerhin noch leer und deshalb leicht zu tragen. Werner erzählt mir aus seinem Leben. Er sei in Deutschland aufgewachsen, habe ein Schwedin geheiratet und rund 30 Jahre hier in Skandinavien gearbeitet. Die Ehe sei zu Bruch gegangen und er lebe jetzt auf seinem Schiff. Die Yacht solle über den Winter in Schleswig liegen, in der Nähe seiner Tochter. Den Sommer habe er aber in der alten Heimat verbracht, in den Schären. Er weiß, wie man sich hier

75

durchschlägt. Stolz berichtet er, in den letzten Monaten nicht einmal Liegegeld entrichtet zu haben. In Göteborg etwa dürfe man – mit Ausnahme des touristischen Hafens Lilla Bommen, in dem ich 300 SEK/Nacht gelöhnt habe – alle freien Liegeplätze drei Tage lang kostenlos nutzen. Ob der Platz frei sei, erkenne man daran, ob an den Pfählen und am Steg Leinen eines Liegeplatzinhabers befestigt seien. In den gebührenpflichtigen Häfen könne häufig nur noch mit Kreditkarte bezahlt werden. Wer keine oder keine gängige Karte habe (oder dies vorgibt), liege kostenlos, weil die Kontrolleure häufig kein Bargeld annehmen. Ganz schön gewieft, der Werner! Ich habe dieses Einsparpotential nicht genutzt, sondern immer brav bezahlt. Dafür kleben aber viele bunte Belege an LAETITIAs Bugkorb – Trophäen eines Fahrtenseglers. An der Tankstelle funktioniert übrigens meine Kreditkarte nicht, die letzten schwedischen Kronen habe ich bereits ausgegeben. Hier zieht der Trick mit dem Plastikgeld leider nicht. Obwohl Werner gleich anfängt, mit der reizenden Servicedame zu flirten, muss ich die 8 l Benzin bezahlen und dafür noch einmal gegen saftige Auslandsgebühren beim gegenüber liegenden Bankautomaten Devisen einwechseln. Es ist vermutlich der teuerste Treibstoff dieser Reise, den ich anschließend bei 29° C im Schatten 2 km weit in den Hafen schleppen darf.

Abends kommt ein Schärenkreuzer unter Segeln in den Hafen. Das Tuch fällt erst in der Boxengasse. Der Skipper ist allein an Bord, hat aber offensichtlich die Ruhe weg. Ich winke ihn in die freie Box neben mir. Er steht auf dem Vordeck und hangelt sich an der Dalbenreihe bis zum Liegeplatz. Das Boot ist ein Hingucker – schlanker Rumpf, elegante Linien, edles Hartholz. Baujahr 1935. Auch das Interieur hat der Historiker aus Roskilde (DK) originalgetreu belassen: Messinglampen, Gaskocher, Verzicht auf jeglichen Elektronik-Schnickschnack. Nur eins sucht man vergeblich: den Motor. Das widerspreche dem Charakter seiner Yacht, erklärt der Eigner. Was er bei Flaute mache, will ich wissen. "Ausharren", sagt er, "ein bisschen kommt man immer voran!" Zuletzt sei ihm der Wind am Leuchtturm Lillegrund eingeschlafen, bis zum 9 sm entfernten Hafen von Bua habe er 8 Stunden gebraucht. Der Segel-Purismus setzt offensichtlich eine hohe Frustrationstoleranz voraus. Zum Vergleich: Ich hatte dasselbe Schicksal, bin aber unter Maschine weitergefahren und war nach zwei Stunden im Hafen. Mein Nachbar setzt übrigens nicht nur auf natürliche Werkstoffe im Bootsbau, er scheint auch sonst streng ökologisch zu leben. Aus Furcht vor Mikroplastik in Kosmetika verzichtet er auf Sonnencreme und reibt sich stattdessen mit Olivenöl ein. Die Hälfte davon hat er in seine Jeans geschmiert, dem einzigen Kleidungsstück, das er am Leibe trägt. Spät nachts liege ich in der Koje und schaue durchs offene Luk in Sternenhimmel. Plötzlich gleitet lautlos ein Mast durch das Bild. Neugier packt mich und ich richte mich ein wenig auf: Mein kurioser Nachbar hat sein Boot aus der Box geschoben und hangelt sich von Pfahl zu Pfahl in einen anderen Liegeplatz. Warum dorthin? Und warum zu dieser Stunde? Schmunzelnd lasse ich mich wieder in die Federn fallen. Der authistische Professor Bienlein, der Filou Werner und der naturverbundene Historiker. Alle drei Einhandsegler und alle drei etwas sonderbar. Worüber andere Leute sich wohl bei mir amüsieren?

Wir schreiben den 31. August. Die erste Hälfte meines Urlaubs ist vorbei. Heute steht die lange Überfahrt nach Anholt auf dem Programm. Wovor ich zuvor etwas Respekt hatte, verläuft dann ganz unspektakulär. Der Wind weht stetig aus SE, der Himmel ist blau und LAETITIA kommt unter Gustavs Führung gut voran. Unterwegs gibt es lediglich drei kleine Aufreger:

- Zuerst zeigen sich ein paar Tümmler, ihre Rückenflossen heben sich kurz aus der Ostsee. Das letzte Tier wagt sich ganz dicht heran und taucht in einer Entfernung von ca. 10 m hinter meinem Heck ab.

Begegnung auf dem Großschifffahrtsweg

- Als ich den Großschifffahrtsweg passiere, der am Ostriff von Anholt vorbeiführt, kommt von Süden ein Kümo und von Norden ein riesiger Containerfrachter. Es scheint knapp zu werden, aber die Peilung steht nicht. Mit etwas Mut fahre jeweils fünf Kabellängen vor dem Bug der beiden Schiffe durch.

- Auf den letzten zwei Meilen der Reise wird es ungemütlich, der Wind legt deutlich zu und wirft eine hohe Welle auf – just zu dem Zeitpunkt, als ich bei Slussen durch das Nordwestriff will. Man sieht, wie flach es hier wird. Der weiße Sand ist gut zu erkennen. Die elektronische Seekarte ist jetzt unbezahlbar. Sie zeigt mir den richtigen Weg durch das enge Gatt in der Barre. Die 3,20 m Wassertiefe, welche die Karte hier verspricht, werden durch das Lot bestätigt. Nachdem ich mich freigesegelt habe, berge ich im stampfenden Seegang das Tuch und bolze unter Maschine direkt gegen den Wind in den Hafen. Zu allem Überfluss kommt ausgerechnet jetzt die Fähre. Weil es draußen schon recht ungemütlich ist, gehe ich schon mal ins Vorbecken und drehe dort ein paar Ehrenrunden. Nachdem der Weg frei ist, geht es weiter in den Hafen. Alles sinnlos überbelegt! Auf Empfehlung des Hafenwarts suche ich am letzten Steg. Ich fahre in die immer enger werdende Boxengasse hinein und frage mich, wie man hier wohl am besten wieder raus kommt, denn alle Plätze sind belegt. Hinter der letzten Yacht wird das Wasser dann schlagartig flach, hier liegen an sich nur noch Schlauchboote. Doch das ist kein Hindernis für LAETITIA. Von vielen Törns im Wattenmeer weiß ich, dass sie fast überall hinkommt. Binnen Sekunden sind Schwert und Ruderblatt hochgeholt und mein kleines Boot am Ponton. Perfekt! Hier liege ich nicht nur in Abrahams Schoß, sondern habe auch den kürzesten Weg zu den sanitären Einrichtungen und einen freien Stromanschluss. Ärgerlich ist lediglich, dass es einen kleinen Kratzer durch einen unter Wasser befindlichen Haken gibt und Möwen ihren Kot über mir abwerfen.

Anholt ist die Drehscheibe der Yachties, die über das Kattegat wollen. Entsprechend international geht es hier zu. An den Hecks wehen deutsche, holländische, schwedische und norwegische Flaggen. Den einheimischen Danebrog sieht man hingegen selten. Weil es morgen bereits weiter gehen soll, mache ich abends noch eine kleine Rundfahrt mit dem Elektro-Roller. Anholt hat schließlich mehr zu bieten als nur den Hafen. Im Westen der Insel türmen sich bewaldete Dünen zu einer Höhe von bis zu 48 m auf. Keuchend schleppe ich mich den Nordbjerg hinauf. Es kommt nicht häufig vor, dass man an ein und demselben Tag 36 sm segelt und dann noch eine „Bergwanderung" unternimmt. Doch die Mühe lohnt sich. Es duftet herrlich nach Nadelwald. Von oben hat man einen schönen Blick über die Insel. Im Osten sieht man die Ørkene, eine flache Sandwüste. Einst war sie bewaldet. Doch für die Gewinnung von Teer und Salz wurde großflächig Holz eingeschlagen, so dass der Wind den sandigen Boden fortblies. Wegen des sonnenreichen und trockenen Klimas wachsen dort nur noch anspruchslose Pflanzen wie Heide, Dünengras oder Strandhafer. Immerhin ist die Ørkene ein idealer Brutplatz für Vögel. Riesige Kolonien bevölkern die Wüste. An ihrem Ende erkennt man den Leuchtturm von 1788. Auf dem dahinter befindlichen Großschifffahrtsweg ziehen die Frachter in der Abendsonne dahin. In der entgegengesetzten Richtung drehen sich die Windräder eines gigantischen Offshore-Parks.

Anholt - Blick vom Nordbjerg nach Osten

Mit dem Scooter geht es durch eine hügelige Landschaft weiter ins Dorf. Dort hört die asphaltierte Straße auf. In der Siedlung gibt es nur Sandwege. Wegen der Trockenheit des Sommers ist alles mit einer feinen Staubschicht bedeckt. Ein Mahnmal erinnert an die Besetzung Anholts durch die Engländer in den Jahren 1809 bis 1814. In der weiß gekalkten Kirche halte ich ein paar Augenblicke inne. Auf dem Nachbargrundstück sieht man die Reste eines Gelages, auf einem Tisch stehen zahlreiche leere Bierbüchsen. Auch sonst wirkt das Dorf ein bisschen verlottert und alternativ. Aber eher im positiven Sinne – morbider Charme eben. Es stehen einige alte Traktoren herum, die offensichtlich schon lange nicht mehr im Einsatz sind und nun langsam vor sich hinrosten. Von irgendwo her kommt Jazzmusik und das Gemurmel einer geselligen Runde. Ansonsten ist alles ruhig, ich begegne kaum jemandem. Stress scheint hier ein Fremdwort zu sein.

Mobilität an Land

Wer das Hinterland intensiver erkunden will, nutzt den öffentlichen Personennahverkehr oder - um flexibler zu sein - einen Mietwagen. Für Ausflüge in den Nahbereich um den Hafen ist das Klapprad die wohl geeignetste Möglichkeit. Auf See lässt es sich zusammenfalten und platzsparend verstauen. Dies geschieht am besten in der Backskiste. Wenn es an Deck verzurrt ist, wäre es der Gischt aus aggressivem Salzwasser ausgesetzt. Die Reichweite des Erkundungsradius' lässt sich ausweiten, wenn man ein E-Bike anschafft. Der Motor entlastet spürbar und ermöglicht es auch, dauerhaft höhere Geschwindigkeiten zu fahren.

Auf kleinen Yachten ist selbst für ein Klapprad oft kein Platz. Wenn man nach dem Landfall nicht nur zu Fuß gehen will, müssen andere Lösungen her. Hierbei kann es sich um ein Skateboard oder einen Roller handeln. Hiervon gibt es inzwischen elektrifizierte Versionen, mit denen man Kräfte sparend recht weit kommt. Dies setzt jedoch - anders als beim Fahrrad - gut befestigte Wege voraus. Wegen der kleinen Durchmesser der Räder sind diese Mittel der Fortbewegung für Verbundpflaster nur eingeschränkt, für Sand- und

Kopfsteinbeläge gar nicht geeignet. Im Vergleich zu Fußgängern (ca. 4 km/h) kommt man damit aber deutlich schneller voran. Scooter dürfen in Deutschland bis zu 20 km/h schnell sein. Man braucht dafür eine Haftpflichtversicherung. Als Nachweis dafür erhält man einen entsprechender Aufkleber. Außerdem ist der Versicherungsnachweis während der Benutzung bei sich zu führen. Ein Führerschein oder ein Helm sind dagegen nicht vorgeschrieben (näheres in der Elektrokleinstfahrzeuge-Verordnung).

An den nächsten Tagen soll es windig werden. Vorher will ich noch nach Djursland, also an das dänische Festland. Obwohl ich früh ablege, gerate ich in einen Massenexodus. Gar nicht so einfach, bei diesem Gewimmel und der Altsee allein die Segel zu setzen, ohne mit anderen ins Gehege zu kommen. Doch dann ist es geschafft. LAETITIA steuert auf die SE-Ecke des Windparks zu, der umfahren werden muss. Die anderen Yachten sind mal wieder deutlich schneller und ziehen davon. Im Norden treibt der Wind Regenwolken über das Meer. Der Niederschlag hebt sich wie ein dunkler Schleier vom hellen Hintergrund ab. Im Süden grummelt ein Gewitter. Die Wetterprognose hatte vor nichts dergleichen gewarnt. Werde ich zwischen die Fronten kommen? Nein, sie schlagen erst hinter mir zusammen, über Anholt. So wie es aussieht, erhält die Insel jetzt einen heftigen Schauer. Ich gönne es ihr, denn man hat gesehen, dass die Natur unter der Dürre gelitten hat. Außerdem bin ich froh, dass der Kelch an mir vorübergeht. Das frühe Aufstehen hat sich also einmal wieder gelohnt. Kurz vor Grenå kommt die Stena-Fähre in Sicht. Sie hat vor 4 ½ h in Varberg abgelegt. Für dieselbe Strecke habe ich – ohne den Zwischenstopp – 14 ¼ h gebraucht. Das zeigt: Segeln ist Entschleunigung.

8.   DJURSLAND, SAMSØ UND DER GROSSE BELT

Nach der zweiten Querung des Kattegats ist erst einmal eine Zwangspause angesagt. Der Wind ist zu schwach oder kommt aus Süd. Doch das ist nicht schlimm, denn in den letzten Wochen musste ich viele eingeplante Reservetage wegen des guten Wetters nicht in Anspruch nehmen. Ich bin gut voran gekommen und deshalb mit dem Törnplan nicht in Verzug. Um die Zeit sinnvoll zu nutzen, betreibe ich ein bisschen Landtourismus.

Grenå hat ein ganz passables Zentrum, aber ansonsten nicht viel zu bieten. Größte Attraktion ist wohl das Kattegat-Centret direkt am Hafen. In dem Aquarium kann man sich über die maritime Flora und Fauna der Region informieren. Außerdem ist die Versorgung im Ort hervorragend, es gibt vor allem ein paar deutsche Discounter mit heimischem Brotsortiment. Das ist zwar banal, aber manchmal können auch Kleinigkeiten glücklich machen.

Altes Rathaus von Ebeltoft

Mit dem Bus fahre ich ins etwa 30 km entfernte Ebeltoft. Eigentlich wollte ich auf eigenem Kiel dorthin, aber so geht es auch und erspart mir den langen Umweg um die Südspitze der Halbinsel Djursland. Ebeltoft ist ohne Zweifel ein Juwel. Die Altstadt stammt aus dem 14. Jahrhundert und ist nahezu unverändert erhalten geblieben. Rechts und links an den Wegen sind dänische Fahnen wie ein Spalier aufgestellt. Zentrum ist der Platz am alten Rathaus, nach der Kleinen Meerjungfrau in Kopenhagen angeblich das zweitbeliebteste Fotomotiv Dänemarks. Diverse Museen laden zum kostenlosen Besuch ein, etwa ein alter Färberhof und die Siamesische Sammlung, eine Ausstellung präparierter exotischer Tiere, die der jagdbegeisterte Ebeltofter Geschäftsmann Rasmus Havmøller von seinem Auslandsaufenthalt in Siam (heute: Thailand) in den Jahren 1914 bis 1933 mitgebracht hat. Im Hafen liegt die Fregatte Jylland, die im deutsch-dänischen Krieg beim Seegefecht von Helgoland am 9. Mai 1864 zum Einsatz kam. Das Schiff wurde restauriert und mit einer Besatzung aus Wachsfiguren ausgestattet. Das gegenüber liegende Museum informiert über die Glasbläserkunst, die in Ebeltoft eine lange Tradition hat.

Am zweiten Hafentag mache ich mit dem Leihfahrrad eine Tour. Erster Anlaufpunkt ist der Leuchtturm Fornæs. Es ist heiß und windstill. Von einer Bank schaue ich auf's Wasser. Einige Yachten dümpeln vor sich hin und werfen dann die Maschine an. Es war also die richtige Entscheidung, heute nicht weiterzusegeln. Anschließend geht es mit weiter über die Halbinsel Djursland. Sie gilt zu Recht als Kornkammer Dänemarks. Die Route führt an endlosen Getreidefeldern vorbei. Die meisten sind bereits abgeerntet. Auf manchen Äckern sind die Landwirte noch an der Arbeit. Ich schaue den Mähdreschern dabei zu, wie sie ihre Bahnen ziehen. Oder Traktoren, die mit einer Forke Strohballen auf Anhänger verladen. An der Kirche von Voldby mache ich erneut Rast. Das Gotteshaus ist Jugendstube einer ganzen Schwalbenkolonie. Die Jungvögel machen ihre ersten Flugversuche. Starts und Landungen. Ich sitze in sicherer Entfernung in der Sonne und schaue dem Treiben zu.

Djursland - Kornkammer Dänemarks

Auf das nächste Ziel bin ich besonders gespannt. Es ist Langør auf Samsø. Der Hafen liegt im runden Stavns Fjord. Er wird im Westen und Süden von der Insel Samsø eingerahmt, im Osten hält das Besser Rev, ein natürlicher Damm, den Schwell ab. Nur nach Norden ist die Bucht scheinbar offen. Allerdings liegt dort eine Untiefe, die man lediglich durch wenige markierte Fahrwasser passieren kann. Die Natur hat hier also ein Becken geformt, das von allen Seiten gut geschützt ist. Man liegt darin wie in Abrahams Schoss und das ist in meiner Situation auch wichtig. Starkwind ist angesagt. Ein zerfetzter Abendhimmel mit Zirren kündigt den Sturm bereits an.

Bisher war LAETITIA – von Angelkähnen abgesehen – immer das kleinste Schiff im Hafen. Auf Langør ist es anders. An meiner rechten Seite liegt eine Seascape 18. Der Name „Gleitzeit" ist Programm. Die Eigner, ein Pärchen aus Berlin, berichten mir stolz darüber, dass sie mit 10 kn Durchschnittsgeschwindigkeit hergekommen seien, gerechnet vom Segelsetzen bis zum Segelbergen. Ungläubig lausche ich der Erzählung. Mein Durchschnitt lag heute bei nur 4,4 kn, allerdings gerechnet vom Ablegen bis Anlegen, die

Höchstgeschwindigkeit bei 6,3 kn. Zunächst bin ich ein bisschen neidisch. Doch dann krabbeln die beiden in ihre Plastik-Kajüte, die mich an eine Conger-Jolle erinnert. Da muss man sich schon sehr mögen, denn in dem Daysailer ist es so eng wie in einer Büchse Sardinen. Ich hingegen sitze in einem mit Echtholz verkleideten Salon, aufrecht und komfortabel. Außerdem ist das Spaßgerät nebenan extrem kippelig, während LAETITIA durch ihren Kiel recht schwerfällig wird, aber bei Starkwind auch Sicherheit vermittelt. Bei Yachten ist es wie im übrigen Leben auch: Man muss Kompromisse eingehen.

An meiner linken Seite liegt ein 5,5m langes Holzboot in Klinkerbauweise. Ich muss zweimal zur Nationale am Heck schauen: Nein, es ist tatsächlich nicht der Danebrog, sondern die Schweizer Flagge. Am Bug ist ein Kleinkennzeichen angebracht, wie es Yachten im deutschen Binnenrevier haben. BE – steht für Bern. Der Eigner, der sich nicht blicken lässt, muss eine beachtliche Anreise mit dem Trailer auf sich genommen haben.

Sicher vertäut und befendert im Hafen von Langør

Schließlich gibt es noch einen weiteren Gast in diesem Hafen, der mein Interesse erweckt. Es ist ein Motorboot, heruntergekommen, schmutzig und ungepflegt. Das Unterwasserschiff trägt einen Algenbart, der so lang ist wie beim Weihnachtsmann. Trotzdem scheint es für den Eigner die schlimmste Vorstellung zu sein, dass sein Schiff einen kleinen Kratzer beim Anlegen erleidet oder wegschwimmt. Jedenfalls hat er mehr als 15 Fender und allein 9 Vorleinen ausgebracht! Vielleicht hat er aber auch nur seine Haftpflicht gekündigt oder er ist ein fliegender Fender-Händler.

Draußen tobt sich der angekündigte Sturm aus. Ich kann nicht weitersegeln, will es aber auch noch nicht. Obwohl Langør nur eine kleine Siedlung ist, gibt es hier nämlich etwas zu entdecken. Mit dem Roller fahre ich den langen Nehrungshaken hoch, auf dessen Spitze sich Hafen und Dorf befinden. Etwas außerhalb steht ein kleines weißes Kirchlein auf einer Anhöhe. Es ist leider geschlossen. Nächste Station ist eine archäologische Stätte, die mein Interesse geweckt hat. Es handelt sich um den Kanhave Kanal. Samsø bestand ursprünglich aus zwei Inseln. Durch Strömungen kam es zu Sandablagerungen, so dass beide Eilande zusammenwuchsen. Für die Schifffahrt entstand hierdurch ein Hindernis auf dem Weg zum Festland. Um sich den Umweg um die Nord- oder Südspitze Samsøs zu ersparen, legten die Wikinger im Jahr 726 n. Chr. an der schmalsten Stelle einen Stichkanal an. Er war etwa 800 m lang, 11 m breit und 1m tief. Eine Einfassung aus Holz verhinderte, dass Sand an den Seiten nachrutschte. Das letzte Stück im Westen blieb verschlossen. Die Schiffe mussten hier über Rundhölzer gezogen werden. Der Kanal diente somit als Hafen und zugleich als Fluchtweg nach Westen, sofern es dem Feind gelingen sollte, in den Stavns Fjord einzudringen. Wegen der idealen Bedingungen gehörte Samsø zu den Plätzen, an denen die Wikinger ihre Kriegsflotte zusammenzogen. Heute ist der Kanal verlandet. Die Grube ist aber immer noch gut erkennbar. Man hat an einer Stelle die Nachbildung eines Wikingerboots aufgestellt, um die einstige Situation zu verdeutlichen. Die Anlage ist angesichts der damaligen technischen Möglichkeiten eine beachtliche wasserbauliche Leistung.

Kanhave-Kanal

Auf dem Rückweg lasse ich den Scooter an der Straße stehen und gehe zu Fuß zur Halbinsel Lilleøre. Die einzige schiffbare Rinne in die Lagune führt direkt an ihr vorbei. Deshalb war dieser Ort strategisch wichtig, auch hier findet man archäologische Relikte. Sie sind aber rund 1000 Jahre jünger. Die Schanzen, von denen man die Einfahrt in den Stavns Fjord überwachen konnte, wurden erst im Nordischen Krieg (1709 – 1721) errichtet. Auf dem gegenüber liegenden Besser Rev sind ähnliche Erdwälle zu erkennen. Heute ist diese Landschaft zum Glück kein militärischer Schauplatz mehr, sie wirkt vielmehr ruhig und beschaulich. In den Festungen weiden Schafe. Ich laufe am Sandstrand zurück. In der Ankerbucht zwischen

Langør und Lilleøre liegen mehrere Schiffe sicher vor dem steifen NW-Wind.

Zurück an Bord: Es ist kühl geworden. Gefühlt jedenfalls. Der Himmel ist bedeckt und es bläst immer noch aus allen Löchern. Vielleicht fange ich nach der Hitze der letzten Wochen aber auch schon an, bei 20° C zu frösteln. Eine warme Suppe aus der Dose soll Abhilfe schaffen. Als sie heiß ist, nehme ich den Topf vom Spirituskocher und will das Feuer abstellen. Geht aber nicht, es brennt munter weiter. Die Ursache ist schnell gefunden. Obwohl der Kocher geschützt in der Kajüte steht und ein Steckschott den Niedergang zur Hälfte verschließt, haben Verwirbelungen des Sturms die Flamme nach unten gedrückt und das Gerät erhitzt. Der Drehknopf zum Gestänge, mit dem man die Flamme reguliert und nach Gebrauch ganz erstickt, ist aus Plastik und angeschmolzen. Er lässt sich deshalb nicht mehr bedienen. Feuer an Bord gehört zu den absoluten Horrorvorstellungen wohl jedes Seglers. Immerhin brennt hier nur der Kocher und kein wesentlicher Bestandteil des Schiffes. Ich erwäge kurz den Einsatz des Feuerlöschers, verwerfe den Gedanke aber schnell wieder. Danach wären nämlich weite Teile der Kabine einschließlich der Polster mit klebrigem Löschmittel bedeckt. Zum Glück ist noch eine Löschdecke an Bord. Ich wickle den Kocher darin ein. Zunächst tut sich nichts. Immerhin lässt sich das Paket jetzt anfassen und von Bord tragen. In der Hoffnung, die Flammen seien erloschen, lüfte ich das Tuch nach ein paar Minuten. Das Feuer lodert indes weiter. Also wird das Gerät noch einmal eingepackt und unter den Wasserhahn gehalten. Das wirkt zwar, doch nun ist meine Suppe kalt. Immerhin: Der Regler aus Kunststoff ist in der richtigen Stellung wieder ausgehärtet. Er sitzt zwar ein bisschen schief auf seiner Stange, aber der Kocher lässt sich wieder nutzen.

Abendstimmung am Stavns Fjord

Der nächste Hafen in Richtung Süden wäre Ballen. Doch dort soll es laut, touristisch, überfüllt und teuer sein. Brauche ich nicht. Außerdem will ich ein bisschen Strecke machen, nachdem das Wetter mich in der letzten Zeit öfter aufgehalten hat. Deshalb lege ich Korshavn an der Nordostspitze Fünens als Tagesziel fest. Im Laufe des Tages soll der Wind auf SW drehen, dann würde es mit einem Anliegerkurs kritisch. Also stehe ich um 5 Uhr auf und lege um 7.20 Uhr ab. Der Schweitzer geht zeitgleich raus, läuft aber in einer anderen Richtung davon. Mutig, denn dort steht von gestern noch eine ganz schöne Welle.

LAETITIA läuft. Hervorragend sogar, bis zu 7,5 kn. Nach 2 h liegt Ballen querab. An der Südspitze von Samsø setze ich Kurs auf Korshavn ab. Doch der Wind hat früher gedreht als angekündigt, das Ziel wird nur noch im Zickzack von Holebug und Streckbug zu erreichen sein. Deshalb mache ich etwas, was meinem Charakter als plantreuen und unflexiblen Staatsdiener vollkommen widerspricht: Ich laufe spontan nach Reersø auf Seeland ab. Das erlaubt einen Anliegerkurs, nur der Weg wird wesentlich länger. Zunächst geht die Rechnung auf. LAETITIA stürmt nun mit halbem Wind weiter voran. Das Wasser zieht gurgelnd in Lee vorbei. Doch im Belt wird der Wind immer schwächer. Ich wechsele auf die Genoa. Das hilft, zudem schiebt der Strom jetzt kräftig mit. Irgendwann ist aber Flaute, der Jockel muss den Rest erledigen. In Korshavn wäre er wohl nur beim Anlegen zum Einsatz gekommen. Ergebnis: 26 sm gesegelt, 10 sm unter Motor. So sieht es aus, wenn man spontan ist!

Strömung und Gezeiten

Die Belte und der Sund sind das Nadelöhr zwischen der Nord- und Ostsee. Deshalb kommt es hier relativ schnell zu sehr starken Ausgleichsströmungen, die für Wassersportler von erheblicher Bedeutung sein können. Sie wirken sich nämlich auf Reisegeschwindigkeit und -dauer aus. Im Einzelnen:

Die Gezeiten spielen in der Ostsee eine eher untergeordnete Rolle, der Tidenhub beträgt nur etwa 10 bis 20 cm. Dementsprechend ist der Tidenstrom in der Regel gering. In engen, langen Fjorden in Dänemark (Limfjord, Randers Fjord, Mariager Fjord) kann er aber mit Geschwindigkeiten von 2,5 bis 5 kn setzen.

Bedeutender sind hingegen die Strömungen, die auf zwei andere Einflüsse zurückgehen. Das ist einmal der Wasserhaushalt. Die Ostsee verliert im Jahr ca. 1.200 km^3 salzarmes Wasser an den Atlantik, von dort fließen rund 740 km^3 salzreiches Wasser zurück. Der Überschuss beim Abfluss ist auf die Wasserzufuhr aus den Flüssen der Anrainerstaaten zurückzuführen. Im Ergebnis ist mit einem nordwärts setzenden Ausstrom zwischen 1 und 3,5 kn zu rechnen. Der zweite wichtige Faktor ist der Wind. Je nach Richtung und Stärke muss man mit folgenden Strömungsrichtungen in kn rechnen:

Gebiet	N3	N6	O3	O6	S3	S6	W3	W6
Kleiner Belt	S 0,5-1,0	S 1,0-1,5	N 1,0-1,5	N 1,0-2,0	N 1,0-1,5	N 1,0-1,5	S 0,2-0,5	S 1,5-2,0
Großer Belt	./.	S 0,5-1,0	N 0,5-1,0	N 1,0-1,5	N 0,5-1,0	N 1,0-1,5	S 0,5-1,0	S 1,0-2,0
Sund	N 1,0-1,5	N 1,0-1,5	N 1,0-1,5	N 1,5-2,0	N 1,0-1,5	N 1,0-2,0	S 0,5-1,0	S 1,5-2,0

Dass Reersø einmal ein Insel war, erkennt man an der Endung ihres Namens: ø. Doch die Steilküste an ihrer Westküste erodierte und die Strömung trug den Sand nach Osten. So versandte der Sund und man baute einen Landweg nach Seeland. Wegen der guten Straßenverbindung ist die Halbinsel ein beliebter Ferienort. Im Dorf gibt es einen Campingplatz. Er hat einen kleinen Laden, in dem ich mich fürs Abendbrot versorge. Auf dem Rückweg nehme ich den Wanderweg durch die Salzwiesen. Die Bucht läuft flach aus, so dass sich ein wertvolles Ökosystem ausbilden konnte.

Auch auf Reersø ist LAETITIA nicht das einzige kleine Boot im Hafen. Direkt gegenüber liegen fünf deutsche Folkeboote im Päckchen. Zunächst vermute ich ein Treffen von Mitgliedern der Klassenvereinigung. Doch offensichtlich gehören die edlen Holzyachten einem kleinen Unternehmen, das Flottillentörns anbietet. Man chartert ein Boot und nimmt damit an einer geführten Gruppenfahrt teil. Die Segler treffen sich gerade zu einer Steuermannsbesprechung auf dem Steg. Das erinnert mich an meine Jugend. Ich habe in einem Club an der Niederelbe segeln gelernt. Einmal im Jahr gab es eine Geschwaderfahrt. Der Jugendwart fuhr mit seiner stählernen Reinke 10M voran, wir Nachwuchssegler mit hölzernen Piraten hinterher. So ähnlich läuft es hier auch.

Folkeboote auf Reersø

Eigentlich steht als nächstes Nyborg auf dem Programm. Aber weil der Wind auf diesem Kurs von vorn käme, geht es einmal quer über den Belt nach Kerteminde. Ein lebendiger Hafen. Bei meiner Ankunft segeln die dortigen Wassersportler gerade eine Regatta aus. Auf dem Vorwindkurs gehen die Spinnaker hoch. Ein herrlicher Anblick. Später spaziere ich am Fjord entlang, der nach etwa 500 m durch eine feste Brücke für größere Yacht blockiert wird. Hier liegen ein paar Fischer. Kerteminde entspricht voll dem Klischee einer dänischen Altstadt – flache, bunte Häuser, häufig mit Fachwerk, davor Stockrosen. In einem Garten entdecke ich einen großen Feigenbaum und wundere mich, dass er in so nördlichen Breiten gedeiht. Er trägt viele Früchte.

In der nächsten Zeit spielt das Wetter nicht mit. Bereits die Fahrt nach Nyborg kann ich nur noch zur Hälfte unter Segeln zurücklegen. Dann liegt der Belt spiegelglatt und ölig da. Die ganze Landschaft präsentiert sich in Grautönen. Unter der Beltbrücke, einem imposanten Bauwerk, tauchen mehrfach Schweinswale auf.

Brücke über den Store Belt

Dass Nyborg eine alte Festung ist, ergibt sich bereits aus dem Namen. Noch heute kann man über die hohen Wälle laufen, die um 1170 zur Verteidigung angelegt wurden, und die dort aufgestellten Kanonen besichtigen. Die Stadt, die sich im Schatten der Burg entwickelte, war im Mittelalter ein Ort von staatspolitischer Bedeutung. Hier tagte zwischen 1250 und 1400 das oberste Gericht des Reiches, hier entstand 1282 die erste dänische Verfassung, hier versammelte sich 1413 der letzte Reichstag. In der Neuzeit hatte Nyborg vor allem als

Verkehrsknotenpunkt Bedeutung. Hier liefen nicht nur mehrere, heute zum Teil eingestellte Bahnlinien zusammen, von einem gigantischen Terminal setzten die Fähren über den Großen Belt nach Korsør über. Doch als 1998 die Brücke in Betrieb genommen wurde, war damit Schluss. An die Stelle der Abfertigungsgebäude sind mittlerweile Wohnhäuser getreten, der Hafen wird jetzt von Freizeitkapitänen genutzt. Die Innenstadt wirkt beschaulich, ist aber mit mehreren Sehenswürdigkeiten und einer belebten Einkaufsstraße einen Besuch wert.

Ich mache mit dem Bus einen Ausflug nach Odense. Es ist mit ca. 180.000 Einwohnern nicht nur das Zentrum Fünens, sondern auch die drittgrößte Stadt Dänemarks. Vor allem aber ist es der Geburtsort von Hans Christian Andersen und darauf

offensichtlich mächtig stolz. Neben den beiden Museen, die einen Einblick in das Leben des Dichters geben, findet man überall in der Stadt Bronzeplastiken, die Szenen aus seinem Werk darstellen. Mit seinen rund 150 Märchen hat Andersen Weltruhm erlangt. Einige davon kenne ich noch aus der eigenen Jugend, wie etwa "Die Prinzessin auf der Erbse", "Das hässliche Entlein" oder "Des Kaisers neue Kleider".

Skulptur in Odense

9. VOM BELT ZUM SUND

Drei Tage lang hat mich das Wetter in Nyborg festgehalten. Nun drängt es mich, weiterzukommen. Ich gebe das Ziel Omø, eine Insel vor der Küste Seelands, auf, um tiefer in das Smålands Fahrwasser vorstoßen zu können. Auf dem Belt steht noch eine üble Altsee. Eine größere Herausforderung ist aber die Berufsschifffahrt. Ihr Weg verläuft nämlich auf einer Zickzacklinie und verzweigt sich ab Korsør südwärts. Es ist also mit regelmäßigen Kursänderungen der Dampfer zu rechnen. Dadurch wird es nicht einfacher, sie einzupeilen und ihnen auszuweichen. Von Norden kommt ein ca. 300 m langer Koloss der Reederei Evergreen. Ich gehe ein paar Kabellängen hinter ihm durch. Mir wird ganz mulmig, als seine steile Heckwelle anrollt und LAETITIA mit dem Vorschiff unterschneidet. Sie wird dabei fast auf Null abgebremst, schwimmt aber brav wieder auf. Die Feederschiffe, die auf der Gegenfahrbahn von Süden kommen, passiere ich lieber vor deren Bug. Gleichwohl fällt die Spannungskurve noch nicht ab. Kurz vor der Südspitze von Omø brist der Wind auf. Eigentlich müsste die Fock weg. Doch der Roller hat sich verklemmt und ich traue mich bei dem Seegang nicht auf das überspülte Vordeck. Mit viel zu viel Krängung geht es auf die Passage in den Untiefen zu, die Belt und Smålands Fahrwasser voneinander trennen. Zum Glück läuft alles gut und danach wird es schlagartig ruhiger. Die See ist glatt, der Wind lässt nach, gelegentlich regnet es ein wenig. Der Autopilot steuert die Yacht durch ein Meer aus Grautönen. Himmel, Wasser und Land verschwimmen ineinander. Vejrø bleibt an Steuerbord liegen. Die Insel liegt zwar günstig, aber in der dortigen Luxusmarina löhnt man 50 € pro Nacht. Der Preis ist selbst für dänische Verhältnisse gesalzen. Stattdessen mache ich auf Femø fest. Trotz des mittlerweile starken Regens hilft ein Stegnachbar beim Anlegen - aus Solidarität unter Einhandseglern. Er ist auch allein unterwegs, von der Schlei aus nach Südschweden gefahren und nun auf der Rückreise. Nach kurzem Smalltalk verschwindet jeder in seine Kajüte. Unter Deck ist es ebenfalls feucht, beim wilden Ritt über den Belt ist sogar etwas Wasser durch ein Luk in die Vorpiek eingedrungen. Außerdem ist es kühl. Ich nehme den Heizlüfter in Betrieb. Es wird das einzige Mal auf der ganzen Reise bleiben. Nach 15 min herrscht eine wohlige Wärme in der Kabine. Eine Suppe dampft auf dem Kocher. Etwas später liege ich in der Koje.

Anderntags will ich vor dem Ablegen einen kurzen Eindruck von Femø gewinnen und fahre deshalb mit dem Roller ins Dorf. Es ist immer noch bedeckt, aber der Regen hat aufhört. Es geht an einer frei stehenden Kirche vorbei in die Siedlung Sønderby. Großzügige Grundstücke mit alten Häusern und gepflegten Nutzgärten. Bei der Rückkehr zum Hafen läuft gerade die Fähre ein. Mir ist aufgefallen, dass sie stündlich fährt. Eine gute Anbindung für so eine kleine Insel. Ohnehin scheint am Hafen mehr los zu sein als im Dorf. Es gibt ein Lebensmittelgeschäft und eine kleine Bühne, auf der offensichtlich regelmäßig Jazzmusik live gespielt wird.

Femø Kirke

Unter Maschine geht's bis zur Südspitze Femøs. Hier muss ich mich an das markierte Fahrwasser halten, denn der gesamte Seebereich nördlich von Lolland ist flach und voller Untiefen. Sobald die entscheidende Tonne erreicht ist, gehen die Segel hoch und ich kann bei halbem Wind nach Osten abbiegen. Ein paar Stunden später, am Eingang zum Guldborgsund, kreuzt LAETITIA ihr eigenes Fahrwasser. Vor 8 Jahren sind wir schon einmal hier gewesen, nach meinen Logbuchaufzeichnungen am Pfingstsonntag, den 23.05.2010. Es war der erste größere Törn, den mein Bruder und ich nach der Anschaffung mit ihr gemacht haben. Damals sind wir von Wismar aus im Gegenuhrzeiger-sinn um Falster gesegelt, anschließend zurück nach Kühlungsborn. Weil wir seinerzeit in Vordingborg waren, mache ich heute auf der anderen Seite des Storstrøm in Gåbense fest. Der kleine Hafen liegt zu Füßen der Brücke. Sie ist mittlerweile etwas in die Jahre gekommen. Deshalb darf man sie auch nur unter den Hauptbögen in der Mitte durchfahren. In den übrigen Bereichen sind Verbotsschilder angebracht. Man befürchtet, dass sich Teile lösen und auf die Schiffe herabfallen könnten. Heute führt die Vogelfluglinie nur noch für die Eisenbahn über diese Trasse, für den Kfz-Verkehr hat man im Jahr 1985 etwa 8 km weiter östlich eine Autobahn in Betrieb genommen. Unter ihr segle ich am folgenden Tag hindurch. Der Weg durch den Ulvsund in die Stege Bucht führt durch ein landschaftlich reizvolles Revier.

Fahrwasser südlich von Seeland

Leichter Rückenwind schiebt LAETITIA langsam ostwärts, man hat viel Zeit zum Gucken. Es wird mehr eine Seh-, als eine See-Reise. Ein gepflegtes holländisches Flachbodenschiff kommt uns entgegen. An Steuerbord folgt Lilleø, ein ganz flaches Eiland, eingehüllt in morgendlichen Bodennebel. An Backbord zieht bald Petersværft vorbei. Der kleine Hafen war einst die größte Werft Dänemarks. Gegenüber liegen die Inseln Tærø und Langø, zwischen denen man in einem sehr engen Fahrwasser durch muss. Der Sund südlich von Seeland ist an vielen Stellen flach. Ideale Bedingungen für Seegras. Weil sich ganze Büschel am Ruderblatt verfangen haben, muss ich es mehrfach hochklappen. Das Schaufelrädchen am Geber der Logge ist komplett blockiert.

Im Ulvsund legt der Wind zu, LAETITIA prescht unter der Hochbrücke bei Kalvehave hindurch. Bei der Geschwindigkeit muss ich in der Stege Bucht höllisch aufpassen. Hier wimmelt es von Untiefen und Fischernetzen. Schließlich mache ich in Sandvig fest. Am letzten freien Platz, der über einen schmalen Steg erreichbar ist. Im Hafen liegen sonst nur Fischerboote und kleine, flachgehende Yachten. Es ist entsprechend eng, die Versorgung beschränkt sich auf ein WC und eine Spüle. Die Bezahlung: Kasse des Vertrauens statt Kreditkartenautomat.

Kleinsthafen Sandvig

Das Publikum: Neben ein paar Berufsfischern sind es überwiegend deutsche Radfahrer, für die hier kostenlose Schlafplätze in Holzhütten zur Verfügung stehen. Sie folgen dem Mönchsweg bzw. Munkevejen, einem grenzüber- schreitenden Radwanderweg von Bremen nach Roskilde. Abends sitze ich auf dem Holzsteg und schaue aufs Wasser. Ein kleines Entlein watschelt herbei und lässt sich in der Nähe nieder, ganz ohne Scheu. Es herrschen Stille und Frieden ...

Bevor es heimwärts geht, will ich noch einen Abstecher nach Kopenhagen machen. Dafür muss man von Sandvig aus bis zur Fakse Bucht eine riesige Wasserfläche durchkreuzen, die ganz überwiegend Tiefen von deutlich unter 2 m aufweist, teilweise sogar trockenfällt. Zwei Wege führen über das Flach. Einerseits die Ægholm Rende, die aber nicht markiert ist. Andererseits der gut betonnte Bøgestrøm. Nachdem ich mich erfolgreich durch die zahlreichen Netze vor Sandvigs Hafeneinfahrt gekämpft habe, geht es platt vorm Laken ca. 6 sm durch die enge Rinne. Tonne für Tonne wird in der Seekarte abgehakt. An der Ansteuerungstonne kann ich dann Kurs auf den Leuchtturm Stevns Klint absetzen und die Pinne an den eisernen Gustav übergeben. Auf den langen Strecken hält der Autopilot besser Kurs als jeder Steuermann. Auf dem Kartenplotter sieht man später eine Kurslinie, die aussieht, als habe man sie mit einem Lineal gezogen. 4 h nach Abfahrt stehe ich vor Stevns Klint, einer Steilküste aus Kreidefelsen. Dort befindet sich Højerup. Warum hat der kleine Ort gleich zwei Kirchen, die ganz dicht beieinander stehen? Eine liegt etwas weiter landeinwärts, von ihr sieht man nur den Turm. Die andere steht spektakulär am Abgrund, ihr Chor ist bereits in die Tiefe gerutscht. Ich beschließe, der Sache auf dem Rückweg auf den Grund zu gehen.

Alte Kirche von Højerup

Etwas weiter nördlich befindet sich ein Kalkwerk. Die Bagger
haben sich hier tief in die Küste hineingefressen, davor hat man
eine Verladerampe errichtet. Der Wind hat tagsüber von W auf
S gedreht, so dass er immer raum bis achterlich einfiel. Deshalb
beklage ich mich auch nicht, als es kurz vor dem Ziel noch
einmal auffrischt und ein Schauer niedergeht. Der Hafen von
Bøgeskov ist geräumig, aber weitgehend leer. Auch die Boxen
sind viel zu groß, LAETITIA würde nach Länge und Breite
mindestens zweimal reinpassen. Es ist kaum jemand zu sehen.
An der Hafeneinfahrt standen vereinzelt ein paar Angler. An
Land hat eine kleine Gruppe von Ornithologen ihr Lager
aufgeschlagen. Schweigend starren sie durch große Objektive
aufs Wasser. Mit bloßem Auge kann ich keinen einzigen Vogel
erkennen. Trotzdem muss es dort etwas unheimlich
Spannendes geben. Denn am nächsten Morgen sitzen die
Männer immer noch an ihrem Platz. Oder schon wieder? Ich
laufe zur Baracke, um die Liegegebühr zu entrichten. Zu meiner
Verwunderung erwartet mich dort bereits der Hafenmeister.
Ein alter Mann mit glasigen Augen, der früher vermutlich selbst
zum Fischfang rausgefahren ist. In seinem Büro hängt ein altes
UKW-Gerät, eine Glocke, eine Knotentafel, eine Seekarte. Auf

dem Schreibtisch vor dem Fenster liegt ein Fernglas. Damit hat er wahrscheinlich auch den Adenauer an LAETITIAs Heck erspäht, denn er spricht mich gleich auf deutsch an. Wundersam: In vielen modernen Marinas, die regelmäßig von vielen Gastseglern angelaufen werden, findet man heute nur noch Automaten. An dieser entlegenen Pier am Buchenwald, denn nichts anderes bedeutet Bøgeskov, gibt es dagegen noch einen Hafenmister aus Fleisch und Blut.

Hafen von Bøgeskov

Spät abends kommen zwei weitere Gäste. Zunächst eine Segelyacht mit einem Einhandsegler. Er hält direkt auf meine Nachbarbox zu. Ich eile gerade zum Steg, um ihm helfen, da dreht er ab und macht direkt an der Pier vor der Hafenbaracke fest, die nach der klaren Beschilderung eigentlich den Fischern vorbehalten ist. Kurios ist aber etwas anderes: Der Mann hat einen Terrassenstuhl aus Plastik mittschiffs auf dem

Achterdeck festgeschraubt. Das sieht ziemlich unvorteilhaft aus und bei Krängung möchte ich trotz der Armlehnen nicht dort oben sitzen. Außerdem ist mir schleierhaft, wie man aus dieser Position steuert. Vielleicht, indem man die Pinne mit den Füßen bedient? Der Skipper scheint das jedenfalls praktisch zu finden. Immerhin thront er auf dem Achterdeck wie ein König, schaut geradeaus und hat von der exponierten Stellung einen guten Blick. So fährt er längsseits an den Kai, erst dann erhebt er sich, um die Festmacher auszubringen.

Anschließend läuft noch ein Motorboot ein. Zwei Männer steigen aus. Da sie den Code für die Sanitäreinrichtungen brauchen, kommen wir ins Gespräch. Zu meinem Erstaunen kommen die beiden auch aus Sachsen-Anhalt. Sie sind allerdings keine klassischen Wassersportler, sondern betreiben ein Unternehmen für maritime Dienstleistungen. Sie haben den Auftrag, die Yacht von Göteborg nach Fehmarn zu überführen. Der neue Eigner hat sie in Schweden gekauft, kann oder will sie aber nicht selbst nach Deutschland holen. Zwei bis drei Tage rechnen die beiden Dessauer für die Fahrt, ohne An- und Abreise mit der Bahn. Ich glaube, bei so viel Zeitdruck hätte ich keinen Spaß an dem Job.

Eigentlich will ich quer über die Køgebucht nach Hvidovre, einem Stadtteil im Süden Kopenhagens. Die Navigation wäre kein Problem, denn an der Einfahrt liegt ein gigantisches Kohlekraftwerk. Eine bessere Sichtmarke ist gar nicht denkbar. Der schwache Wind kommt aber direkt von achtern, die Fock flappt in der Abdeckung des Großsegels. Es geht nur mit 3 kn voran. Deshalb ändere ich den Kurs nach Mosede, das sind nur ein paar S-Bahn-Stationen weiter. Bei raumem Wind läuft es besser, von der neuen Destination aus werde ich auf dem Rückweg bei prognostiziertem SW-Wind zudem einen Anliegerkurs haben. Das alles sind unbestreitbare Vorteile, doch es gibt auch einen kleinen Wermutstropfen. Nach der Ankunft erfahre ich beim Hafenmeister, dass Mosede zur

Kommune Greve gehört. Das fahrtenseglerische Ziel Kopenhagen ist damit knapp verfehlt.

Nyhamn in Kopenhagen

Als Student war ich bereits einmal in der dänischen Hauptstadt. Das muss mindestens 20 Jahre her sein, also in einem anderen Leben. Damals gab es noch harte Winter. Ein paar Tage vor der Anreise war die Zugverbindung über die Vogelfluglinie sogar wegen Schneeverwehungen gesperrt. Ich habe bitter gefroren, denn es war aasig kalt. Gut, jetzt im Sommer hier zu sein. Kopenhagen ist nach Göteborg die zweite Millionenstadt auf dieser Reise und nach den vielen Wochen in der Natur ein Kontrastprogramm. Gleich nach der Ankunft im Hauptbahnhof prasseln Eindrücke auf mich ein, die urbanes Flair ausmachen: Menschenmengen, bunte Leuchtreklamen, Verkehrslärm. Interessanter ist aber die Vielfalt des Publikums: Geschäftsleute im Anzug, Touristen aus Fernost, Teilnehmer der Copenhague

Pride Week, politische Aktionskünstler. Ich schaue dem wilden Treiben in der Fußgängerzone etwas zu, bevor eine straffe Sightseeing-Tour beginnt. Durch die Stadt geht es zum Nyhamn, einem alten Hafenfleet mit farbiger Häuserzeile. Etwas weiter sieht man die moderne Oper auf der gegenüberliegenden Insel Amager. Am Schloss Amalienborg, dem Sitz der Königin, stehen die Wachleute trotz der Hitze mit ihren traditionellen Pelzmützen und Uniformen. Mittags zelebrieren sie zu den Klängen einer Militärkapelle die Ablösung, die eher an eine Choreografie als an eine Parade erinnert. Und dann stehe ich vor dem Wahrzeichen Kopenhagens. Es ist kein großer Turm, wie die Tour Eiffel in Paris. Keine Kathedrale, wie das Westminster Abbey in London. Kein pompöses Portal, wie das Brandenburger Tor in Berlin. Es ist nur eine kleine Figur - die Kleine Meerjungfrau. Die 125 cm hohe Bronzeplastik von Edvard Eriksen geht auf ein Märchen von Hans Christian Andersen zurück – von wem auch sonst? Darin verliebt sich das Fabelwesen – halb Mensch, halb Fisch – in einen Prinzen, der sich aber einem anderen Mädchen zuwendet. Deshalb sitzt die Nixe traurig auf einem Findling am Hafen – nun bereits über 100 Jahre lang. Der Kunstmäzen Carl Jacobsen, Sohn des Firmengründers der Carlsberg-Brauerei, gab die Plastik kurz vor Beginn des Ersten Weltkriegs in Auftrag. Eine beliebte Primaballerina und die Frau des Künstlers dienten Eriksen als Modell. Eigentlich unverständlich, dass die niedliche Figur immer wieder Opfer von Vandalismus war. Sie wurde beschmiert, mehrfach wurden sogar Körperteile abgesägt. Auch bei meiner Ankunft sind gelbe Farbklekse zu sehen, die ein Reinigungsteam jedoch alsbald entfernt.

Kleine Meerjungfrau

Abends geht es mit der S-Bahn zurück nach Mosede. Ich laufe am Strand zum Hafen. Wind und Strömung haben große Mengen an Seegras angetrieben, die die Stadtverwaltung mit schwerem Gerät entfernen lässt. Es riecht nach Meer. Am Strand flitzen die Kitesurfer hin und her. Im Hafen dümpeln die bunten Fischerboote. Nach dem Ausflug in die große Stadt bin ich zurück in meiner vertrauten maritimen Umgebung.

Günstige Winde schieben LAETITIA wieder aus dem Ballungsraum Kopenhagen heraus, wir durchqueren die Køgebucht und runden Stevns Klint. Nur die letzten 4,6 Meilen nach Rødvig kommt die Maschine zum Einsatz. Gleich nach der Ankunft fahre ich mit dem Scooter nach Højerup, um das Rätsel der beiden Kirchen zu lösen. An der dort steil ins Meer abfallenden Wand aus Kreide und Kalk kann man ein dramatisches Kapitel der Erdgeschichte ablesen. Vor rund 66 Mio. Jahren schlug ein Asteroid ein, außerdem gab es große Eruptionen von Vulkanen in Indien. Die beiden Ereignisse führten zu einer Verschmutzung der Atmosphäre mit Staub und Asche. Die Hälfte der Tiere auf unserem Planeten starb daraufhin aus, auch die Dinosaurier. Die damalige

Verunreinigung der Luft hat sich in der Kreide niedergeschlagen und ist in den Ablagerungen am Stevns Klint noch heute gut zu erkennen. Eine deutlich dunklere Schicht, der sog. Fischton, setzt sich vom sonst hellen Kalk ab. Das lässt sich hier weltweit am besten beobachten. Deshalb wurde der Ort 2014 in das UNESCO-Welterbe aufgenommen.

Die Kreidefelsen unterliegen einer dauernden Erosion. Die ältere Kirche von Højerup stand zu nah am Abgrund. Ihr Chor ist 1928 abgerutscht. Aus Sicherheitsgründen gab man sie auf und errichtete ein weiteres Gotteshaus. Das ist der Grund, weshalb das kleine Dorf über zwei Sakralbauten verfügt. Mittlerweile hat man Maßnahmen ergriffen, um einen weiteren Abbruch der Steilküste an der besagten Stelle zu verhindern. Die alte Kirche wird daher wieder genutzt. Wo sonst der Altar steht, befindet sich hier eine Tür. Wenn sie geöffnet ist, schaut man aus dem Kirchenraum direkt auf das Meer. Kein Wunder, dass es ein beliebter Hochzeitsort geworden ist.

10. INSELN SÜDLICH VON SEELAND

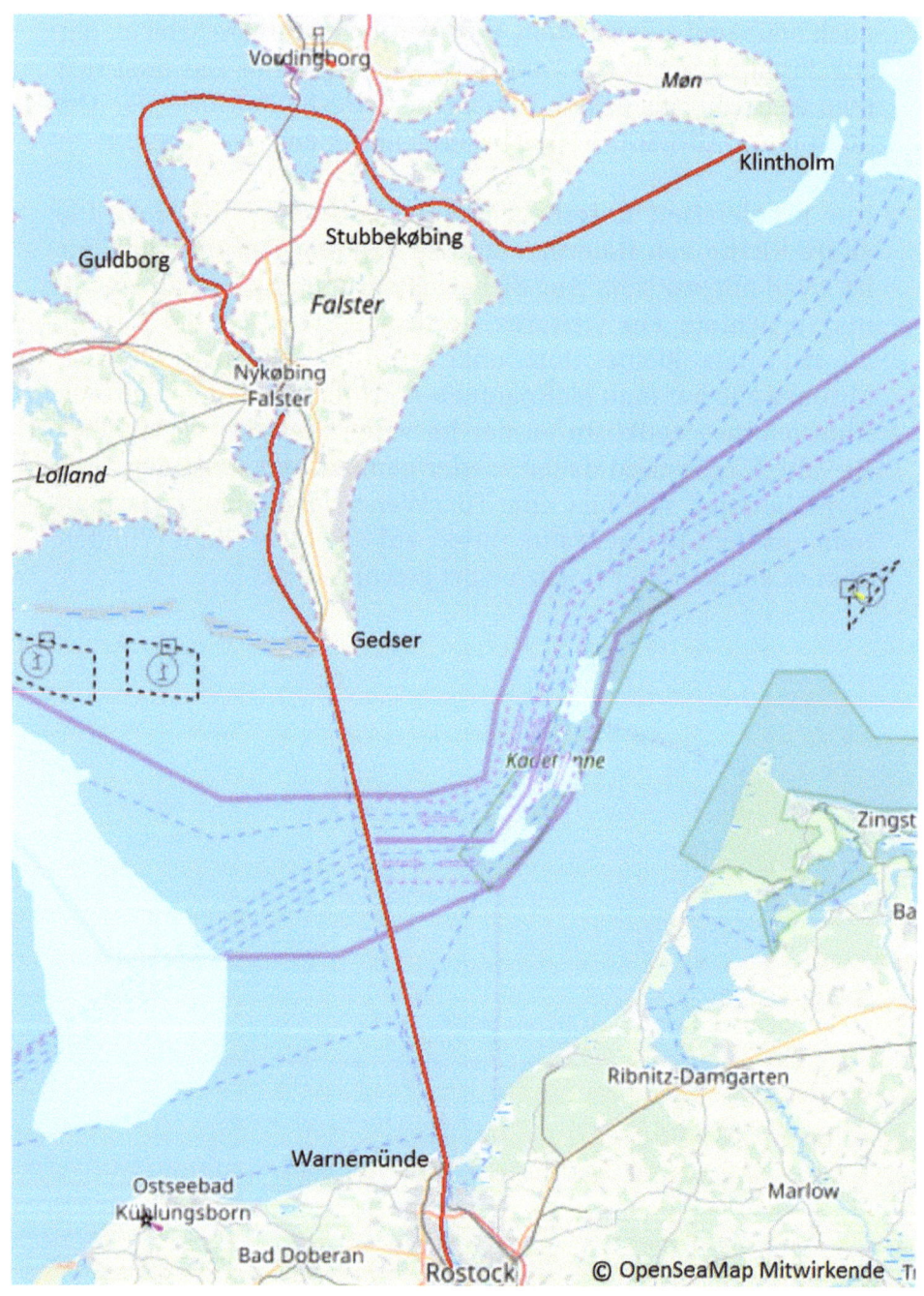

Tags darauf wiederholt sich das Programm, jedoch mit Steigerungen. Ich überquere zunächst die Fakse Bucht. Die Kreidefelsen an der Ostseite von Møn weisen den Weg. Sie sind mit bis zu 140 m deutlich höher als Stevns Klint. Bis Møns Klint geht es sehr flott voran, die letzten 6 sm gegen den Wind bin ich allerdings wieder auf den Motor angewiesen. Hier jedoch mit der Besonderheit, dass sich eine bedrohlich hohe See aufgebaut hat. Zum Bergen des Segels muss ich an den Mast. Keine leichte Aufgabe, denn LAETITIA bockt in der See. Es geht mir wie Cowboys, die ein wildes Tier zureiten. Danach löst sich die Spannung etwas, der Außenborder bringt immerhin 4 kn auf die Logge. Der Autopilot steuert und ich kauere mich hinter der Kajüte zusammen. Eine andere Yacht passiere ich ganz dicht. Es ist die SY Comfy, deren Skipper mich später im Hafen von Klintholm überraschend anspricht. Wie er mich wieder erkannt hat, obwohl ich bei der ersten Begegnung den Sturmkragen bis zur Nase hoch- und einen Südwester bis tief ins Gesicht heruntergezogen hatte, ist mir bis heute schleierhaft. Er schickt mir ein paar Aufnahmen, die draußen entstanden sind. In der Mail findet sich auch ein Verweis auf seinen Blog, in dem er die Begegnung wie folgt schildert:

Wind und Welle vor Møns Klint   **© v. Wolff**

Nachdem wir einen Rahsegler passiert haben, hauen plötzlich starke Böen rein. Reffen? Zu spät. Die Wellen machen auch mit und werden schlagartig hoch und steil. Da geht mir keiner mehr auf's Vorschiff. Wir ziehen die Genoa komplett rein und donnern nur mit dem Großsegel weiter. Bei jeder zweiten Böe wird schön aufgemacht. Wir müssen rund ums Kap. COMFY stampft sich fest und Schluss ist mit 6 bis 7 Knoten. Plötzlich unter 2 Knoten und bevor es wieder losgeht, bämm, die nächste Welle und Schluss mit lustig. Motor an und durch. Inzwischen voll gegenan. Von backbord kommt ein kleines rotes Boot an. Wir sind beeindruckt von den Bocksprüngen. Es ist mit Motor schneller als wir.

Weil es erneut stürmt, bleibe ich einen Tag in Klintholm. In weiser Voraussicht habe ich LAETITIA in ein Hafenbecken gelegt, das durch ein Reihenhaus mit Ferienwohnungen perfekt gegen Westwind abgeschirmt ist. Der freundliche Hafenmeister gibt mir zwei Empfehlungen für Tagesauflüge mit dem Bus: entweder zur Inselhauptstadt Stege oder nach Mønsklint. Auch wenn es nach Højerup gewissermaßen eine Wiederholung ist, entscheide ich mich für die Kreidefelsen. Zu Recht, denn sie sind wahrlich spektakulär. Noch höher und noch farbintensiver als gestern. Über eine Treppe mit ca. 450 Stufen geht es hinunter bis zum Wasser. Auf einem teilweise nur 2 m schmalen Geröllstreifen kann man dort nordwärts laufen. Unmittelbar daneben erhebt sich die Steilküste wie eine Wand. Vormittags wird sie von der Sonne angestrahlt und leuchtet in allen Weißschattierungen. Ganz oben sieht man das satte Grün des Buchenwaldes und dahinter einen blauen Himmel. Ein überwältigender Anblick. An diversen Stellen hat es Abgänge gegeben, so dass sich Schluchten auftun. Auf mehrsprachigen Infotafeln ist zu lesen, dass der Hang ständiger Erosion unterliegt. Insbesondere im Winter und Frühjahr brechen Brocken ab und stürzen in die Tiefe. Ganz geheuer ist mir deshalb nicht, an der Kreidewand vorbeizulaufen.

Beeindruckende Kreidefelsen auf Møn

Vor 70 Mio. Jahren erstreckte sich ein Schelfmeer über Dänemark, in dem Tiere und Algen mit Kalkschalen oder -panzern lebten. Noch heute findet man mit etwas Glück am Strand Fossilien, insbesondere versteinerte Seeigel und Donnerkeile, also Rückenschilde von Tintenfischen. Die Reste dieser Lebewesen lagerten sich auf dem Meeresboden ab. Daraus wurde eine bis zu 500 m dicke Kreideschicht, die die letzte Eiszeit anhob, auffaltete und zusammenschob. So entstand diese Landschaft, die jetzt wieder vergeht. Im Durchschnitt erodiert der Hang um 2 bis 4 cm pro Jahr, in 50.000 Jahre wird er wieder weggespült sein. Gut, wenn man vorher noch einmal hier gewesen ist. Nach dem gleichen Prinzip läuft es übrigens 45 km weiter nördlich, in Stevns Klint, und 85 km weiter südöstlich, in der Stubbenkammer auf Rügen.

Der hohe Kalkgehalt an der Ostspitze von Møn führt dazu, dass sich hier ausgefallene Pflanzen angesiedelt haben, zum Beispiel 45 verschiedene Orchideenarten. Der Naturraum zieht aber auch besondere Tiere an: So brütet etwa der selten zu beobachtende Wanderfalke in den Felsen. Er jagt andere Vögel, im Sturzflug mit bis zu 300 km/h, und gilt daher als das schnellste Tier der Welt. Den Quendel-Ameisenbläuling, einen Schmetterling, findet man in Dänemark nur an diesem Ort. Kein Wunder, dass das gesamte Gebiet unter Naturschutz steht.

Abends unternehme ich einen Rundgang durch den Hafen. Auffällig sind zwei Yachten mit Schweizer Flagge – eine davon ist das 5,50 m lange Boot, das auf Samsø in der Box neben mir gelegen hat. Der Skipper und ich erkennen uns auf Anhieb wieder – Einhandsegler auf kleinen Booten sind eben nicht so häufig anzutreffen. Smalltalk. Der Berner hat Fünen und Seeland umrundet und will wieder zurück nach Arnis, wo sein Auto und Trailer stehen. Im Übrigen ist Klintholm fest in der Hand deutscher Segler. Kein Wunder. Bis zum Darßer Ort sind es nur noch 29 sm. Die Heimat ist mittlerweile in greifbare Nähe gerückt, leider auch das Ende meines Urlaubs. Doch ich will noch nicht zurück nach Deutschland, ein paar Tage bleiben mir noch. Deshalb nehme ich nicht den direkten Weg über Gedser nach Rostock, sondern fahre im Gegenuhrzeigersinn um Falster herum – wie auf meiner Jungfernfahrt mit LAETITIA vor acht Jahren.

Über Nacht hat der Starkwind nachgelassen, der die meisten Wasserwanderer hier festgehalten hat. Die verbliebene Brise aus NW soll im Laufe des Tages ganz einschlafen. Es kommt deshalb zum Massenexodus. Der zuvor bis zum Rand gefüllte Hafen ist um 10 Uhr morgens schon fast leer. Obwohl ich früh aufgestanden bin, lege ich als einer der letzten ab. Die anderen Yachten sind – wie üblich – etwas schneller. Einige wollen wie ich durch den Grønsund, der sich nach Süden zu einem breiten Trichter weitet. Das Problem dabei: Die Einfahrt ist durch eine Barre versperrt, über der stellenweise weniger als zwei Meter Wasser stehen. Ein markiertes Fahrwasser gibt es nur ganz im Westen, unter der Küste von Falster. Da ich aus dem Osten komme, müsste ich einen weiten Umweg in Kauf nehmen. Deshalb entscheide ich mich für eine Abkürzung durch das Tolkedyb. Auf der Seekarte entdecke ich eine Stelle, an der LAETITIA über die flachen Sände in die tiefe Rinne gelangen könnte. Sie ist zwar nicht bezeichnet, aber ich hoffe, sie mithilfe des Kartenplotters zu finden – so wie damals vor Anholt. Als ich vor der Passage stehe, berge ich die Segel. Der Wind ist ohnehin nur noch schwach und käme mir auf dem neuen Kurs entgegen. Unter Außenborder taste ich mich in die Untiefen hinein. Der weiße Sandboden ist durch das klare Wasser der Ostsee gut zu sehen. Er ist zum Glück rein, ohne Steine. Die Spannung steigt, denn das Lot zeigt immer geringere Tiefen an, zuletzt unter einen Meter. Doch ich habe noch einen halben Meter Reserve, da sich Schwert und Ruderblatt im Ernstfall hochklappen ließen. Schon nach wenigen Minuten fällt der Seeboden wieder ab und ich kann ganz normal weitertuckern. Am Ende des Tolkedybs mündet das markierte Fahrwasser ein. Von dort kommen all die großen Yachten, die mir vor Klintholm davon gerauscht sind. Doch ich bin zuerst da. Es ist der Triumpf des Trickreichen über den Schnellen, wie in Wilhelms Schröders Märchen vom Hasen und Igel. Wer schlecht segelt, kann mit mutiger Navigation einiges wettmachen.

Abkürzung durch das Tolkedyb   © v. Wolff

In der Kolonne der Boote befindet sich auch COMFY. Ich sehe die Chance, mich mit Fotos zu revanchieren und mache zahlreiche Aufnahmen. Später treffe ich die beiden Nürnberger in Stubbekøbbing wieder und erhalte sogar eine Einladung, an Bord zu kommen. Kathrin und Thomas haben sich einen Lebenstraum erfüllt und mit ihrer Comfortina eine halbjährige Ostseerunde gedreht – über Polen ins Baltikum, zurück über die Ålandinseln und an der Ostküste Schwedens entlang. Respekt vor dieser fahrtenseglerischen Leistung! Und vor dem Mut, dafür einen sicheren Job zu kündigen. Man merkt den beiden die Begeisterung an und ich lasse mich davon sofort anstecken. Jedenfalls verfolge ich seitdem regelmäßig den täglichen Reiseblog der COMFY, allein schon wegen der hervorragenden Bilder.

Gegen 5 Uhr morgens gibt es ungebetenen Besuch an Bord. Zunächst poltert es auf dem Motorboot, das neben LAETITIA liegt. Ein Angler vielleicht? Doch dann springt das unbekannte Wesen auf mein Deck. Erschrocken fahre ich aus der Koje. Das tippelnde Geräusch spricht für ein Tier. Anfangs turnt es vor dem Mast herum. Ich klopfe an die Bordwand, um es zu vertreiben. Dann läuft es über das Seitendeck und steht 15 cm vor meinen Augen – zum Glück hinter der Scheibe. Vielleicht ist es ein junger Fischotter. Zoologie ist nicht mein Spezialmetier. Der Nager ist mit Schwanz jedenfalls etwa 60 cm lang und sieht aus wie ein Marder. Bei mir macht sich eine Mischung aus Faszination und Unbehagen breit. Faszination, weil man selten die Gelegenheit hat, solch ein Tier aus dieser Nähe zu beobachten. Unbehagen, weil der Niedergang nur mit einem Halbschott verschlossen ist und das Raubtier vielleicht aggressiv reagiert. Dem pelzigen Burschen geht es offenbar ähnlich. Er läuft noch einmal kopflos zum Deck auf der gegenüberliegenden Seite, hüpft ins Wasser und schwimmt schnell davon.

Stunden später bin ich wieder im Storstrøm, dem Gewässer zwischen Seeland und Falster. Wie vor gut einer Woche, als ich von Gåbense nach Sandvig segelte. Heute geht es aber in die entgegengesetzte Richtung. Zuerst unter der Autobahn-, dann unter der Eisenbahnbrücke der Vogelfluglinie hindurch.

Autobahnbrücke an der Vogelfluglinie

Ziel ist Guldborg, am Eingang des gleichnamigen Sundes. Vor acht Jahren habe ich dort meinen Geschwindigkeitsrekord mit LAETITIA aufgestellt: 8,3 kn Fahrt durchs Wasser. Wir hatten damals starken raumen Wind und das kleine rote Boot kam ins Gleiten – wie eine Jolle. Die Pinne begann zu vibrieren. Meine Gefühlslage damals: zwischen Begeisterung und Angst. Später hatte ich einmal sogar 10 kn auf der Logge. Doch das war auf der Elbe zwischen Brunsbüttel und Glückstadt, mindestens 3 kn gingen auf das Konto der Tide.

Ich bin überzeugter Fahrtensegler. Der Reiz des Hobbys besteht für mich darin, zu reisen, Neues zu entdecken, Natur zu erfahren, Abenteuer zu erleben, mit Technik umzugehen. Ich freue mich natürlich, wenn LAETITIA schnell vorankommt. Aber Geschwindigkeit steht nicht im Vordergrund. Regattasegler betreiben hingegen echten Sport, das ist eine andere Welt. Es geht um Kraft, Ausdauer, Geschicklichkeit. Nicht meine Stärken. Schon in der Schule bin ich im Fach „Leibesübungen" nie über die Note vier hinausgekommen. Dennoch beschäftige ich mich heute mit einer Regatta, zumal eine Flaute mich einen Tag in Guldborg festhält. Anlass ist das Vegvisir Race. Es beginnt in Nykøbing, nur einige Meilen weiter südlich im Sund, und führt in diesem Jahr ins Smålands Fahrwasser bzw. um die Insel Lolland herum. Die Teilnehmer sollen dabei ihrem eigenen Wegweiser (dänisch: Vegvisir) folgen und selbst entscheiden, ob sie mit oder gegen den Uhrzeigersinn fahren. Der Wettbewerb richtet sich an Besatzungen aus zwei Personen, die zwischen Strecken von 170 und 210 sm wählen können, sowie an Einhandsegler, die 80 sm zurücklegen müssen. 53 Doublehand-Mannschaften sind am Start, einen Tag später folgen 31 Einhandboote.

Dazu gibt es ein Rahmenprogramm, auch in Guldborg. In diesem Rahmen besichtige ich die Hubbrücke aus dem Jahr 1934, die ich gestern selbst passiert habe. Sie wurde unter der Regentschaft von Christian X errichtet, davon künden die Initialen des Königs an der Stahlkonstruktion. Die Brückenwärterin zeigt den Besuchern den Leitstand, von dem man eine oder beide Halbbrücken bedienen kann. Von hier aus wird, wie in Dänemark wohl mittlerweile üblich und äußerst praktisch, die nächste Öffnungszeit über große Displays angezeigt. Im Brückenpfeiler sind die Elektromotoren zu sehen, welche die Segmente bewegen. Alles ist noch im Originalzustand erhalten. Wenn etwas kaputtgeht, werden Ersatzteile nach den vorhandenen Mustern gefertigt. Außerdem gibt es eine kleine Ausstellung mit Bildern von der Errichtung des Bauwerks und über wichtige Ereignisse, etwa die Durchfahrt der königlichen Staatsyacht.

Im Leitstand der Brücke von Guldborg

Abends trifft das in Nykøbing gestartete Regattafeld der Zwei-Personen-Crews in Guldborg ein. Zahlreiche Schaulustige stehen am Hafen und begrüßen die Teilnehmer mit Salutschüssen. Die Brücke ist jetzt hochgeklappt und über mehrere Stunden für den Autoverkehr gesperrt. Mich wundert, dass die Boote vorankommen, obwohl nur noch ein Windhauch geht. An der Spitze sind allerdings auch viele Boliden mit Carbonmast, Laminatsegeln und/oder negativem Decksssprung, die traditionellen Yachten folgen erst später. Doch die Dümpelei wird bald ein Ende haben. Es ist Starkwind angekündigt. Wochen später werde ich aus einer Zeitschrift erfahren, dass von den 53 Zwei-Personen-Booten nur 57% ins Ziel gekommen sind. Und dass mehrere Boote auf die Hilfe von Seenotrettern angewiesen waren, ein Skipper sogar bei Nacht über Bord gegangen ist und sich schwimmend an Land retten musste. Die Einhandsegler erwischten aufgrund des um 24 Stunden versetzten Starts ein besseres Wetterfenster und kamen alle durch.

Vegvisir Race

Auch ich bekomme das raue Wetter zu spüren. Am nächsten
Morgen geht es in Begleitung eines deutschen Folkebootes
durch den engen Sund südwärts. Wir laufen früh aus, weil wir
mit dem nächsten entgegen kommenden Regattafeld – diesmal
sind es die Einhandsegler – nicht in Konflikt geraten wollen
und es zudem am Nachmittag stark auffrischen soll. Außerdem
muss ich noch eine Brücke passieren. In Nykøbing flitzt ein
Mann im Schlauchboot heran und will wissen, ob ich an der
Wettfahrt teilnehme, um mir einen Hafenplatz zuzuweisen. Ich
sage ihm, dass ich weiter will. Er ist hilfsbereit und meldet die
Passage über Handy beim Brückenwärter an. In Guldborg hieß
es, sie öffne jeweils 40 Minuten nach der vollen Stunde. Für
mich wird sie aber wider Erwarten bereits um 11.24 Uhr
hochgeklappt. Die krumme Zeit wundert mich nicht, denn in
Nykøbing geht eine Eisenbahntrasse (Vogelfluglinie) über den
Sund. Der Fahrplan bestimmt die Arbeit des Brückenwärters.
Da ich im Vergleich zu meiner Planung nun 16 Minuten
verloren habe, berge ich hastig die Segel, fahre unter
Außenborder weiter und passiere das Bauwerk ohne jede
Wartezeit. Ebenso planmäßig setzt ein paar Meilen weiter der
Starkwind ein, genau nach der Prognose. Anfangs, im

geschützten Sund ist das noch zu verschmerzen. Doch auf dem letzten Stück bis Gedser bin ich dem Westwind voll ausgesetzt, versuche mich von der Leeküste freizuhalten. Das Vorsegel ist längst weggerollt. Das Großsegel müsste gekürzt werden, aber an die Bedienung des umständlichen Rollreffs ist bei dem Seegang nicht zu denken. Es heißt also mal wieder: beten und hoffen. Immerhin geht es schnell voran, die Entfernung zum Hafen schmilzt wie Eis in der Karibiksonne. Das Bergen des Segels kurz vorm Ziel wird zur Herausforderung. Ich versuche, LAETITIA unter Motor und Autopilot auf einen Kurs gegen den Wind zu zwingen. Doch sie treibt immer wieder quer, das Tuch kommt dadurch unter Druck und lässt sich nur teilweise einholen, die Mastrutscher der bereits geborgenen unteren Hälfte springen aus der Nut, der Wind zerrt sofort an der losen Leinwand, mit anderen Worten: Es herrscht, was man in der Seefahrt als „Zustand" bezeichnet. Schließlich kann ich das Chaos doch noch bezwingen. Wegen der Umstände verzichte ich zum ersten Mal auf dieser Reise darauf, noch auf See Festmacher und Fender anzuschlagen, sondern nehme gleich Kurs auf die Hafeneinfahrt. 150 m davor bleibt der Motor stehen und mein Herz anschließend auch – jedenfalls für einen Moment. In greifbarer Nähe bricht die See an der schweren Steinschüttung. Wie ein Wahnsinniger ziehe ich am Starterseil. Beim dritten Mal springt der Quirl wieder an, als wäre nichts gewesen. Im klassischen Drama kommt so etwas auch vor, im vierten und vorletzten Akt. Nennt man in der Fachsprache retardierendes Moment. Dient der Spannungserhaltung. Ist meinem theatralischen Außenborder heute hervorragend gelungen. Doch die Vorstellung ist noch nicht beendet. Obwohl ich gut in der Box ankomme, dauert das Festmachen über eine Viertelstunde. LAETITIA treibt ständig quer, Dalben und Klampen sind schwer erreichbar, Starkregen setzt ein. Die Böen orgeln im Rigg und krängen das Schiff wie unter Segeln. Später erzählt mir ein anderer Wassersportler, der kurz danach anlegt, sein Windmesser habe in Spitzen 9 Bf. angezeigt.

Der Sturm tobt sich aus. Zwei Tage lang. Kurz vorm Ziel. Ich muss an Land bleiben und wandere deshalb zum Sydsten, dem Südstein. Den Findling hat man an der Gedser Odde aufgestellt, dem südlichsten Punkt Dänemarks und damit auch Skandinaviens. „Einhand durch Südskandinavien" war das Motto des Projekts. Das thematische Ziel der Reise ist also erreicht.

Sydsten – Skandinaviens südlichster Punkt

Die Südspitze von Falster ragt weit in die See hinaus. Meteorologisch ist sie ein exponierter Ort – das merke ich gerade am eigenen Leibe. Schon bei meinem letzten Besuch in Gedser vor acht Jahren war ich hier eingeweht. Aber auch geostrategisch. Die Kadetrinne liegt nur wenige Seemeilen weiter südlich. Sie ist das Nadelöhr für die Schifffahrt von und aus der Ostsee. In der Zeit des Eisernen Vorhangs passierten die Handelsflotte und die Kriegsschiffe des Ostblocks Gedser

Odde in kurzer Entfernung. Kein Wunder, dass die NATO hier einen Spähposten errichtete. Das Gebäude steht noch, beherbergt heute aber eine mehrsprachige Ausstellung über die ökologische und einstige militärische Bedeutung des Ortes. Ich lese Beiträge über Provokationen der sozialistischen Staaten, deren Schiffe in die dänischen Hoheitsgewässer eindrangen. Über Täuschungsmanöver, indem Namen oder Nummern von Kriegsschiffen verändert wurden. Über die Anlandung von Republikflüchtlingen aus der DDR. Aber auch über Versuche der Sowjets, durch gemeinsame Sportwettbewerbe der Ostseeanrainer einen Keil zwischen die skandinavischen Länder und die NATO zu treiben. Der Irrsinn der bipolaren Welt. Er hat eine ganze Generation geprägt. Es wirkt auf mich wie die abstrakte Darstellung aus einem Geschichtsbuch, dabei habe ich die Zeit – wenngleich als Kind – noch selbst miterlebt. Die deutsche Einheit wurde erst vor knapp 30 Jahren vollendet. Was wäre wohl gewesen, wenn es keine Glasnost und Perestroika gegeben hätte? Für die Welt: Ein Rüstungswettstreit der Blöcke? Eine militärische Auseinandersetzung? Für Deutschland: Eine Zementierung der Teilung des Landes mit einer sich fortsetzenden Misswirtschaft und Unterdrückung im Osten? Und für mich ganz persönlich: Als gebürtiger Hamburger würde ich heute wohl kaum in den neuen Bundesländern leben und arbeiten. Die friedliche Lösung des Ost-West-Konflikts bleibt ein Glücksfall für die Menschheit!

Grenzübertritt und Zollbestimmungen

Deutschland, Dänemark und Schweden gehören zum Schengen-Raum. Ein- und Ausreisekontrollen finden darin nur noch ausnahmsweise statt. Man benötigt keine Grenzerlaubnisse, muss aber gültige Grenzübertrittspapiere mit sich führen (z.B. Personalausweis, Reisepass). Das gilt auch für Norwegen, das zwar nicht zur EU, aber zum Europäischen Wirtschaftsraum gehört, auf den der freie Personenverkehr ausgedehnt wurde.

Während die Ein- und Ausreise mittlerweile unkompliziert ist, sollte man sich darüber informieren, was man mitnehmen darf. Wer eine längere Seereise antritt, wird wegen des höheren Preisniveaus in Skandinavien in der Regel mit vollen Backskisten starten wollen. Allerdings sind bestimmte Ein- und Ausfuhrverbote und -beschränkungen zu beachten, die von Land zu Land unterschiedlich sind. Das betrifft insbesondere Produkte wie Alkohol, Tabak, bestimmte frische Lebensmittel (z.B. Fleisch und Milcherzeugnisse), Waffen und Feuerwerkskörper (Signalpistolen!) und Haustiere. Verstöße werden streng bestraft. Nähere Informationen gibt es im Internet (für Dänemark: www.tyskland.um.dk; für Schweden: www.tullverket.se; für Norwegen: www.toll.no; für die Wiedereinreise nach Deutschland: www.zoll.de).

Am Sonntagnachmittag legt der Sturm eine Pause ein. Für einen halben Tag soll die Windstärke auf 4 bis 5 Beaufort abnehmen, bevor der Zirkus am Montag wieder losgeht – und zwar dann aus Süd. Nach langem Zaudern entscheide ich mich, das Zeitfenster zu nutzen. Dabei ist von vornherein klar, dass die Überfahrt angesichts der hohen Altsee kein Zuckerschlecken wird. Doch bekanntlich ist Segeln die teuerste Art, langsam, nass und unbequem zu reisen. Zu allem Überfluss hat sich auch noch das Dampferlicht am Mast gelöst. Es hängt nur noch an einer Niete. Ich hoffe, dass es keinen Schaden anrichtet, wenn es runterkommt. Bei dem Hack wird schon das Segelsetzen zum Kampf, obwohl ich mich noch im Schutz von Rødsand, einer vorgelagerten Sandbank, befinde. Auch wenn das Vorfall nicht optimal durchgesetzt ist und sich ein Mastrutscher aus der Nut gelöst hat, bin ich froh, Fahrt aufnehmen zu können. In diesem Moment läuft auch eine andere Yacht aus, doppelt so groß wie LAETITIA. Gemeinsam fahren wir durch die enge Rinne vom Sportboothafen zum Fähranleger. Der andere Skipper setzt seine Segel erst an der Ansteuerungstonne Rødsand Rende, hier sind die Wellen besonders hoch. Seine Yacht bäumt sich auf wie ein Pferd, man mag kaum hinsehen. Es ist seltsam, aber trotz seines größeren und moderneren Schiffs wird er achteraus bleiben. LAETITIA läuft ihm davon, pflügt unbeirrt durch die aufgewühlte Ostsee. Spürt sie Stalldrang? Ich sitze schicksalsergeben an der Pinne. Unablässig fegt Gischt über das Boot. Einmal schwappt sogar ein Brecher in die Plicht. Der Bereich zwischen den Duchten ist danach zu einem Viertel mit grünem Seewasser voll. Die Lenzrohre brauchen ein paar Sekunden, um es wieder abzuleiten. Ganz wohl ist mir dabei nicht. Unterwegs löst sich dann auch noch erwartungsgemäß das Dampferlicht. Es schlägt aber zum Glück nicht an Deck auf, sondern fällt wegen der Krängung direkt ins Wasser. Obwohl die Laterne teuer ist, lasse ich sie schwimmen. Eine Rettungsaktion hätte bei den aktuellen Seeverhältnissen ohnehin wenig Aussicht auf Erfolg. Nach knapp drei Stunden stehe ich an der SE-Ecke des Verkehrstrennungsgebiets Kadetrinne. Zum Glück zieht erst danach ein Schauergebiet über mich hinweg. Ich hatte die schwarze Wand schon länger beobachtet und zeitweilig auch die Hoffnung, sie gehe vor meinem Bug durch. Nun gießt es. In Strömen. Die Sicht ist schlecht. Außerdem herrscht Flaute, das Boot torkelt in der Altsee. Ausreffen, Motor an? Ich warte einen Moment, nach 15 min kommt der Wind wieder, stärker als zuvor. Die zweite Hälfte der Überfahrt bleibt ruppig. Um 16.30 Uhr passiere ich die beiden Molenköpfe von Warnemünde. Es wird schlagartig ruhig. Auf der Warnow berge ich die Segel, suche erfolglos einen Liegeplatz im überfüllten Alten Strom und mache schließlich in der mutmaßlich letzten freien Box an der Mittelmole fest.

Zurück in Deutschland, nach knapp zwei Monaten. Langsam gleitet der Danebrog von seinem Platz unter der Steuerbordsaling herab. Ich spüre, wie sich die Anspannung löst und die körperliche Erschöpfung bemerkbar macht. Es dauert einige Zeit, bis mir bewusst wird, dass das eigentliche Segelprojekt hier beendet ist. Was jetzt folgt, ist nur noch Abwicklung: Am Montag werde ich das Schiff nach Rostock zum Kranen bringen, am Dienstag Leihwagen und Trailer aus Schleswig-Holstein holen und am Mittwoch auf dem Landweg heimfahren, bevor in der darauffolgenden Woche wieder der Dienst beginnt. Ein seltsames Gefühl. Geistesabwesend schreite ich abends die Flaniermeile entlang. Das Gekreische der Möwen, das Gemurmel der Touristen und die Anpreisungen der Fischbudenbesitzer dringen wie gedämpft an mein Ohr. Es geht an der Promenade mit Leuchtturm und „Teepott" vorbei auf den Leitdamm an der Mündung der Warnow. Einen Moment lang stehe ich im Windschatten der Molenbefeuerung. Mein Blick schweift zurück, nordwärts über die aufgewühlte Ostsee. Von Dänemark ist nichts mehr zu sehen.

Warnemünde (Leuchtturm und „Teepott")

11. RÜCKBLICK

Monate später. Draußen ist es kalt. Es fallen ein paar Schneeflocken. LAETITIA liegt unter einer Plane im Winterlager und wartet auf die neue Saison. Der Arbeitsalltag ist wieder eingekehrt. Formal ist das Projekt Skandinavien längst abgehakt. Aber es gibt etwas, das bleibt: Die Freude über eine gelungene Reise, die den Blick über den eigenen Tellerrand eröffnet und viele neue Eindrücke gebracht hat. Die Erinnerung an die Wärme und die Farbenpracht des Sommers; nach Auswertung der Meteorologen war es der heißeste und regenärmste seit Beginn der Wetteraufzeichnung. Die gerahmten Fotografien aus Dänemark und Schweden, die überall in meiner Wohnung hängen. Ein bisschen Stolz darüber, mit einem kleinen alten Boot über 800 sm ganz allein bewältigt zu haben, teilweise unter widrigen Bedingungen. Die Dankbarkeit für eine sichere Heimkehr. Aber auch ein veränderter Blick auf manche Dinge. Vor dem Aufbruch hatte ich den Wunsch, die Routine zu durchbrechen, ausgefahrene Gleise zu verlassen und etwas Neues kennen zu lernen. Neugierde, Aufgeschlossenheit, Pioniergeist und Fernweh sind nun einmal die Triebfedern eines passionierten Wasserwanderers. Der Sommer war dann von großen Freiheiten geprägt: Es gab keine zeitlichen Zwänge durch Beruf und Terminkalender. Der Tagesgestaltung war fast nur vom Wetter Grenzen gesetzt. Oft wusste ich morgens nicht, in welchem Hafen ich die nächste Nacht verbringen werde. Als Singlehander braucht man auch auf keine Mannschaft Rücksicht zu nehmen, als Durchreisender in der Fremde gibt's ohnehin nur flüchtige Kontakte zu anderen Menschen, man bleibt im Wesentlichen unbeachtet. Ich habe Freiheit und Fremde genossen. Sie haben mir aber auch gezeigt, dass man auf lange Sicht eine Heimat braucht. Damit meine ich nicht die oft schwärmerisch verklärte Gegend, aus der man stammt. Auch nicht den neuen politischen Kampfbegriff. Heimat ist kein Ort, Heimat ist ein Gefühl. Ein Gefühl der Sicherheit, Vertrautheit und Geborgenheit, das wir uns durch Nähe zu anderen Personen, durch Traditionen, durch ein strukturiertes Tagesprogramm und durch eingespielte Handlungsabläufe schaffen. Solche persönlichen, sachlichen und zeitlichen Bindungen sind wichtig, sie dürfen nur nicht überhand nehmen und uns erdrücken. Deshalb muss man manchmal Abstand gewinnen. Wie das geht, entscheidet jeder für sich selbst. Mich zieht es aufs Wasser. Navigare necesse est – Seefahrt tut not.

Hafengeldquittungen - bunte Zeugnisse einer Langfahrt

12.   ANHANG

SY LAETITIA

LAETITIA ist eine Neptun 22. Die ursprüngliche Version geht auf Anton Miglitsch zurück. Er konstruierte einen Kielschwerter mit 6,8 m Länge, 2,4 m Breite und 0,55 m bzw. 1,10m Tiefe. Die Segelfläche betrug 26 m². Der Außenborder wurde im Schacht gefahren. Die Werft baute von 1967 bis 1974 2.300 Einheiten in dieser ersten Modellreihe. Auch LAETITIA gehört dazu, sie hat die Segelnummer 973. Der Schacht wurde bei ihr allerdings geschlossen, sie hat einen angehängten Außenborder. Ab 1973 gab es die Neptun 22 dann als Backdeckerversion, die nun auch serienmäßig mit einem Hubdach ausgestattet war. So konnte der Raum unter Deck erheblich vergrößert werden. Der Rumpf wurde etwas länger und breiter. Dadurch war es möglich, ab 1976 eine Dinettversion anzubieten, welche die Langkoje bald vollkommen verdrängte. 1979 meldete die Werft in Lage/Lippe zwar Insolvenz an, aber der Typ wurde von anderen Unternehmen weitergebaut. Je nach Quellenlage sollen insgesamt bis zu 7.000 Einheiten produziert worden sein. Nur ganz wenige Yachten sind in vergleichbarer Stückzahl gefertigt worden. Die Neptun 22 wurde damit zu einer Art „VW Käfer" des Segelsports in den 1970er Jahren.

REISESTATISTIK

Die nachfolgenden Angaben zu Weg und Zeit beruhen auf den Aufzeichnungen zweier GPS-Geräte. Gemessen wurde jeweils von Liegeplatz zu Liegeplatz, also inklusive der Hafenmanöver sowie des Segelsetzens und -bergens.

Strecke
Am Ende der Reise standen 821,2 sm auf der Logge. Rund 20 % davon musste ich unter Maschine fahren, den Rest konnte ich segeln. Die längste Tageetappe führte von Grenå über 37,4 sm nach Langør. Das kürzeste Etmal lag bei 6,5 sm (Warnemünde – Rostock).

Zeit

Der Törn dauerte insgesamt 57 Tage. 40 Tage war ich auf See, die übrigen im Hafen. Hinzukommen die zwei- bis dreitägigen Rüstzeiten für die An- und Abreise mit dem Trailer, das Kranen und das Maststellen bzw. -legen. Die Tagesreisen hatten eine Dauer zwischen 1 h 20 min (Warnemünde – Rostock) und 8 h 30 min (Grenå – Langør), in der Summe waren es knapp 195 h und im Durchschnitt 4 h 52 min.

Geschwindigkeiten

Meine Höchstgeschwindigkeit habe ich mit 9,6 kn unter Segeln auf der Fahrt über den Großen Belt von Nyborg nach Femø geloggt. Ein Teil dieser Geschwindigkeit entfiel allerdings auf den mitsetzenden Strom. Die mittlere Geschwindigkeit lag bei 4,2 kn, ohne nach der Antriebsart (Segel/Motor) zu differenzieren.

Kosten

Welche Kosten auf einer Reise anfallen, hängt maßgeblich von Konsumverhalten und Stärke der Mannschaft sowie von der Größe und dem Pflegezustand des Schiffes ab. Um gleichwohl einen Anhaltspunkt für die Finanzplanung zu geben, sind nachfolgend die Hafengelder aufgeführt. Es handelt sich jeweils um die Summe der Ausgaben, die je nach Preisliste der Häfen auf unterschiedliche Positionen wie Liegegeld, Dusche, Strom und/oder Wasser entfallen (jedoch ohne das Pfand für Wertkarten). In Skive und Rostock kamen noch die Krangebühren hinzu (insgesamt 120 €). Rechnet man die beiden Nächte, die ich kostenfrei an einer Schäre festgemacht habe, und die Krangebühren heraus, so ergibt sich ein mittleres Liegegeld von 20,73 €. Das ist schon ein spürbarer Unterschied zu Deutschland, wo man für dasselbe Boot Ausgaben zwischen 10 bis 15 € hat. LAETITIA fiel in den meisten Häfen in die Kategorie „Boote bis 10 m", bei größeren Schiffen ist mit höheren Kosten zu rechnen. Der teuerste Hafen war mit fürstlichen 37 € übrigens Gullholmen in Schweden, der günstigste erwartungsgemäß Rostock in Deutschland mit 10 €.

In Dänemark und Schweden sind die Liegegelder ganz überwiegend an Automaten zu entrichten. Dafür benötigt man eine Kreditkarte. Bargeld oder EC-Karten werden in der Regel nicht akzeptiert.

Datum	von	nach	sm Segel	sm Motor	sm gesamt	Hafengeld
03.07.2018	Skive	Livø	22	0,9	22,9	17,14 €
04.07.2018	Livø	Livø	0	0	0	17,14 €
05.07.2018	Livø	Sillerslev	23,9	1	24,9	17,14 €
06.07.2018	Sillerslev	Sillerslev	0	0	0	17,14 €
07.07.2018	Sillerslev	Løgstør	28,1	0,5	28,6	21,43 €
08.07.2018	Løgstør	Nibe	14,5	4	18,5	22,86 €
09.07.2018	Nibe	Aalborg	11,3	1,3	12,6	25,00 €
10.07.2018	Aalborg	Aalborg	0	0	0	25,00 €
11.07.2018	Aalborg	Hou	0	25,2	25,2	20,00 €
12.07.2018	Hou	Hou	0	0	0	20,00 €
13.07.2018	Hou	Sæby	12,9	6,9	19,8	28,57 €
14.07.2018	Sæby	Læsø Østerby	20,8	0,5	21,3	30,29 €
15.07.2018	Læsø Østerby	Vinga	24	5,8	29,8	14,00 €
16.07.2018	Vinga	Göteborg	9,2	3,9	13,1	30,00 €
17.07.2018	Göteborg	Göteborg	0	0	0	30,00 €
18.07.2018	Göteborg	Öckerö	5,5	7,2	12,7	21,00 €
19.07.2018	Öckerö	Marstrand	10,4	2,3	12,7	30,00 €
20.07.2018	Marstrand	Gullholmen	20,8	1,2	22	37,00 €
21.07.2018	Gullholmen	Kalvön	10,7	1,7	12,4	- €
22.07.2018	Kalvön	Lyckorna	12,5	1	13,5	25,00 €
23.07.2018	Lyckorna	Stora Askerön	8	5,5	13,5	15,00 €
24.07.2018	Stora Askerön	Nordön	16	3,7	19,7	20,00 €
25.07.2018	Nordön	Björkö	8,6	4	12,6	22,00 €
26.07.2018	Björkö	Kungsö	12,9	1,4	14,3	- €
27.07.2018	Kungsö	Lerkil	8,3	0,6	8,9	20,50 €
28.07.2018	Lerkil	Bua	9,3	8,9	18,2	21,00 €
29.07.2018	Bua	Varberg	12	1,3	13,3	26,00 €
30.07.2018	Varberg	Varberg	0	0	0	26,00 €

31.07.2018	Varberg	Anholt	34,3	2,2	36,5	28,86 €
01.08.2018	Anholt	Grenå	27,7	0,5	28,2	25,00 €
02.08.2018	Grenå	Grenå	0	0	0	25,00 €
03.08.2018	Grenå	Grenå	0	0	0	25,00 €
04.08.2018	Grenå	Langør/Samsø	30,1	7,3	37,4	25,71 €
05.08.2018	Langør/Samsø	Langør/Samsø	0	0	0	25,71 €
06.08.2018	Langør/Samsø	Reersø	26	10,3	36,3	17,14 €
07.08.2018	Reersø	Kerteminde	18,5	0,6	19,1	20,71 €
08.08.2018	Kerteminde	Nyborg	7,7	9,6	17,3	21,57 €
09.08.2018	Nyborg	Nyborg	0	0	0	18,71 €
10.08.2018	Nyborg	Nyborg	0	0	0	18,71 €
11.08.2018	Nyborg	Nyborg	0	0	0	- €
12.08.2018	Nyborg	Femø	32,3	0,6	32,9	20,00 €
13.08.2018	Femø	Gåbense	7,5	10,1	17,6	20,00 €
14.08.2018	Gåbense	Sandvig	15,6	2,2	17,8	10,71 €
15.08.2018	Sandvig	Bøgeskov	25,1	0,6	25,7	20,00 €
16.08.2018	Bøgeskov	Mosede	13,5	0,6	14,1	14,29 €
17.08.2018	Mosede	Mosede	0	0	0	14,29 €
18.08.2018	Mosede	Rødvig	19,7	4,9	24,6	21,43 €
19.08.2018	Rødvig	Klintholm	19	6,2	25,2	18,57 €
20.08.2018	Klintholm	Klintholm	0	0	0	18,57 €
21.08.2018	Klintholm	Stubbekøbing	9,4	8,3	17,7	20,00 €
22.08.2018	Stubbekøbing	Guldborg	23,1	1,9	25	20,00 €
23.08.2018	Guldborg	Guldborg	0	0	0	20,00 €
24.08.2018	Guldborg	Gedser	15,9	5,6	21,5	20,00 €
25.08.2018	Gedser	Gedser	0	0	0	20,00 €
26.08.2018	Gedser	Warnemünde	25,9	1,4	27,3	11,00 €
27.08.2018	Warnemünde	Rostock	0	6,5	6,5	10,00 €
28.08.2018	Rostock	Rostock	0	0	0	10,00 €
Summe			653	168,2	821,2	1.140,21 €
Anteile/Durchschnitte			80%	20%		20,73 €